LA

CUISINIÈRE POÉTIQUE

BRUXELLES. — TYP. DE Ve J. VAN BUGGENHOUDT
Rue de Schaerbeck, 12

COLLECTION HETZEL

LA CUISINIÈRE POÉTIQUE

PAR M. CHARLES MONSELET

AVEC LE CONCOURS DE

MM. MÉRY, A. DUMAS, TH. DE BANVILLE, TH. GAUTIER
ÉM. DESCHAMPS, C. CARAGUEL, A. BARTHET,
ÉMILE SOLIÉ, XAVIER AUBRYET, AUR. SCHOLL,
CHARLES BATAILLE, ETC.

LEIPZIG
ALPH. DURR, LIBRAIRE-ÉDITEUR

INVITATION A LA TABLE

Il y a deux ans, en terminant une étude sur Grimod de la Reynière, nous écrivions les lignes suivantes, qui serviront de portique à l'œuvre que nous entreprenons aujourd'hui :

« Toute passion raisonnée et dirigée devient un art ; or, plus que toute autre passion, la gastronomie est susceptible de raisonnement et de direction.

» Qu'on y réfléchisse bien : les heures charmantes de notre vie se relient toutes, par un trait d'union plus ou moins sensible, à quelque souvenir de table.

» Est-ce un amour d'enfance ? Il s'y mêle aussitôt et naturellement un déjeuner dans les bois ; le tendre aveu d'une cousine est inséparable de l'armoire aux confitures de mère-grand.

» S'agit-il d'un fougueux caprice pour une Aspasie parisienne ou une cantatrice renommée ? L'idée d'un souper s'éveille immédiatement dans notre esprit : nous voyons la lueur douce des bougies glisser sur une épaule mate, la nappe moirée luttant de blancheur avec un bras embarrassé de dentelles. C'est un sourire aussi rose que le vin, c'est un éclat de rire aussi petillant.

» Plus tard, si notre orgueil se ranime à la mémoire d'un triomphe ou d'une dignité obtenue, c'est encore la table d'un banquet qui nous apparaît. Toutes les coupes sont levées et tendues vers nous ; le toast protéique embrasse mille formes et se renouvelle par toutes les bouches ; tandis que, modestement incliné, mais recueillant les moindres gouttes de l'apothéose, nous ne savons que balbutier : — *Messieurs, c'est toujours avec un nouveau plaisir...*

» Nous nous marions. C'est un repas de noce qui nous appelle : l'épouse est rougissante, et les regards ne sont distraits d'elle que par l'arrivée d'un dindon rôti, majestueuse bête, qu'un jus doré environne.

» Nous avons un enfant. Les cloches du baptême

appellent nos alliés autour d'une collation joyeuse ; on embrasse la nourrice ; les dragées roulent, et le parrain chante des couplets de circonstance qu'il a copiés la veille dans l'*Almanach des Muses*.

» La gastronomie est la joie de toutes les situations et de tous les âges.

» Elle donne la beauté et l'esprit.

» Elle saupoudre d'étincelles d'or l'humide azur de nos prunelles; elle imprime à nos lèvres le ton du corail ardent; elle chasse nos cheveux en arrière; elle fait trembler d'intelligence nos narines.

» Elle donne la mansuétude et la galanterie.

» S'attaquant à tous les sens à la fois, elle résume toutes les poésies : poésie du son et de la couleur, poésie du goût et de l'odorat, poésie souveraine du toucher. Elle est suave avec les fraises des forêts, les grappes des coteaux, les cerises agaçantes, les pêches duvetées; elle est forte avec les chevreuils effarouchés et les faisans qui éblouissent. Elle va du matérialisme le plus effréné au spiritualisme le plus exquis : de Pontoise à Malaga, de Beaune au Johannisberg. Elle aime le sang qui coule des levrauts, et l'or de race, l'or pâle, qui tombe des flacons de Sauterne. »

CHARLES MONSELET

LE PILAU

A cause de leur barbe, ennemis du potage,
Les Turcs se sont toujours transmis en héritage
Le pilau, mets solide, et qu'un peuple barbu
Avale proprement, sans jamais l'avoir bu;
Car la soupe au bouillon, laissant sur le visage
Les vestiges huileux d'un liquide passage,
Excite le dégoût des convives blasés,
Et ne peut convenir qu'à des peuples rasés.
Gens barbus, voulez-vous un pilau délectable
Qui, de ses rayons d'or, illumine une table,
Voici mon plan : prenez une livre de riz
Dans le Palais-Royal, chez Chevet, à Paris,
Mais un riz du Levant, vierge de la poussière
Que lui donne toujours l'Égypte nourricière;
Il faut faire étuver, avec soin, au charbon,
Un peu de veau, du bœuf, un morceau de jambon,
Une poule fort jeune, et dans les champs nourrie
Des graines que le vent apporte à la prairie;
Six heures, sur le feu, laissez mûrir le tout,
Et puis, dans un bouillon odorant, plein de goût,
Versez le riz; il faut qu'il cuise une heure encore :
Prenez le fin safran, qui parfume et décore,

Jaunissez-en le riz, et mon art vous promet
Un pilau tel qu'aux cieux en mange Mahomet !

MÉRY

LA BOUILLE-ABAISSE

Pour le vendredi maigre, un jour, certaine abbesse
D'un couvent marseillais créa la bouille-abaisse,
Et jamais ce bienfait n'a trouvé des ingrats
Chez les peuples marins, qui n'aiment point le gras.
Ce plat est un poëme ; ainsi n'allez pas croire
Que votre matelote, avec sa sauce noire,
Et la soupe au poisson, chères à vos palais,
Comme on le dit, sont sœurs du ragoût marseillais ;
C'est une grave erreur ! Bien plus, quand on voyage
Économiquement, comme on fait à mon âge,
On entre au restaurant, à Marseille ; on parcourt
La carte, et ce grand nom vous arrête tout court,
BOUILLE-ABAISSE ! on ressent des extases intimes,
Car ce plat n'est coté que soixante centimes,
Et, d'une voix polie, on ordonne au garçon
De servir promptement ce chef-d'œuvre au poisson.

Qui coûte douze sous, comme on dit en province !
On vous sert un morceau de merlan assez mince.
Sur deux croûtons de pain largement safranés,
Secs au milieu du jus, et d'oignons couronnés.
Alors, le voyageur, altéré de vengeance,
Chez Laffitte et Caillard remonte en diligence,
A chaque table d'hôte et dans tous les relais,
Décochant l'épigramme au ragoût marseillais...
Comme les nations les plats ont leur histoire !
O golfe de saphir, qu'un double promontoire
Embrasse avec amour sur le mouvant chemin
Qui conduit au pays espagnol ou romain !
Baignoire du soleil, où tant de vie abonde,
Ce bon voyageur croit que ta vague féconde
Ne fournit aux repas de chaque jour de l'an,
Pour pain quotidien, qu'une once de merlan !
Dans ce vivier immense, où la nature sage
Donne à tout grain d'écume un atome qui nage,
Le pêcheur grec plongeait les mailles de ses *thys*,
Et, le matin faisant sa prière à Thétis,
Il rendait, chaque soir, grâces à la fortune,
Car il avait nourri les prêtres de Neptune,
Et ceux de Jupiter, corybantes pieux
Qui dévoraient l'offrande à la barbe des dieux ;
Il avait, descendant sur les plages voisines,
Inondé de poissons les dévotes cuisines
Où Diane et Vénus, pour convives gourmands,
Voyaient un peuple uni de chasseurs et d'amants.

C'est qu'en ce temps heureux, siècles des fortes races,
L'homme, plus jeune, avait des appétits voraces,
Et qu'en un seul repas, son estomac glouton,
Comme vous un rouget, engloutissait un thon.

Eh bien, la même mer, tranquille ou courroucée,
Toujours féconde, expire aux plages de Phocée,
Et, pour la bouille-abaisse, elle donne aux repas
Vingt sortes de poissons qui ne l'épuisent pas.
Écoutez bien ceci, vieux cuisiniers novices
Qui faites des homards avec des écrevisses,
Et qui croyez qu'on peut, chez Potel et Chabot,
Traduire mon plat grec en tranches de turbot,
L'heure est enfin venue où notre capitale
Peut joindre à ses banquets la table orientale,
Et donner aux gourmands, chez le restaurateur,
Un ragoût marseillais et non un plat menteur,
Comme un ouvrage d'art, contrefait en Belgique;
Car le chemin de fer, trait d'union magique,
Doit réunir, en mil huit cent cinquante-neuf,
Le canal de Marseille aux arches du pont Neuf.
Alors, toutes les nuits, pendant toute l'année,
Les poissons qu'embauma la Méditerranée,
Comme s'ils voyageaient sur les ailes des vents,
Aux marchés de Paris arriveront vivants,
Et trente professeurs, nés près de la Réserve,
Sur la plage où naquit l'olive de Minerve,

Ici viendront apprendre, en deux ou trois leçons,
L'art de faire un seul plat avec tant de poissons.

Dans les ports de Toulon, de Marseille, de Cette,
On se sert pour ce plat de la même recette;
Mais le plat est fort cher, je vous en avertis!
Au reste, pour les grands, comme pour les petits,
Sur ce globe assez triste où l'homme est de passage,
On devrait adopter cette maxime sage :
Rien ne doit être cher, en cette vie ; après,
Rien n'est plus cher qu'un marbre, avec quatre cyprès.
Donc, avant le poëme, il faut d'abord qu'on fasse
Un coulis sérieux, en guise de préface,
Et quel coulis! Il faut que le menu fretin
De cent petits poissons, recueillis le matin,
Distille, avec lenteur, sur un feu sans fumée,
Le liquide trésor d'une sauce embaumée ;
Là, vient se fondre encore, avec discernement,
Tout ce qui doit servir à l'assaisonnement ;
Le bouquet de fenouil, le laurier qui petille,
La poudre de safran, le poivre de Manille,
Le sel, ami de l'homme, et l'onctueux oursin,
Que notre tiède Arenc nourrit dans son bassin.
Quand l'écume frémit sur ce coulis immense,
Et qu'il est cuit à point, le poëme commence :
A ce plat phocéen, accompli sans défaut,
Indispensablement, même avant tout, il faut

La *rascasse*, poisson, certes, des plus vulgaires :
Isolé sur un gril, on ne l'estime guères ;
Mais, dans la bouille-abaisse, aussitôt il répand
De merveilleux parfums d'où le succès dépend.
La rascasse, nourrie aux crevasses des syrtes,
Dans les golfes couverts de lauriers et de myrtes,
Ou devant un rocher garni de fleurs de thym,
Apporte leurs parfums aux tables du festin.
Puis les poissons nourris assez loin de la rade,
Dans le creux des récifs ; le beau rouget, l'orade,
Le pagel délicat, le saint-pierre odorant,
Gibier de mer suivi par le loup dévorant,
Enfin, la galinette, avec ses yeux de bogues,
Et d'autres, oubliés par les ichthyologues,
Fins poissons que Neptune, aux feux d'un ciel ardent,
Choisit à la fourchette, et jamais au trident.
Frivoles voyageurs, juges illégitimes,
Fuyez la bouille-abaisse à soixante centimes ;
Allez au Château-Vert, commandez un repas ;
Dites : « Je veux du bon et ne marchande pas ;
Envoyez le plongeur sous ces roches marines,
Dont le divin parfum réjouit mes narines ;
Servez-vous du *thys* grec, du *parangre* romain,
Sans me dire le prix ; nous compterons demain ! »

MERY

LETTRES A ÉMILIE SUR LA GASTRONOMIE

I

4 avril

Cela devait finir ainsi, madame, — et, pour ma part, je n'en ai aucun regret. Quel plus heureux dénoûment à un amour brisé que celui qui s'opère par la grâce de ces quatre merveilleuses paroles : *Le dîner est servi!*

Hélas! oui, madame, le dîner est servi et bien servi. Vous rappelez-vous ces après-midi passées auprès de vous à la campagne, et comme je maudissais la cloche qui nous rappelait dans la salle à manger ? — Aujourd'hui, je reviens de la foire aux jambons; il y avait d'admirables sujets.

C'est en avril que je vous ai connue pour la première fois; tous les arbres étaient en fleurs comme à présent, moitié neige, moitié roses; les buissons s'essayaient à la verdure; mais que de maigreurs encore, que de frissons, quel soleil indécis et clignotant! Et cependant on sentait circuler partout le mystérieux attrait des juvénilités. — Avril est de retour; je retrouve toutes mes sensations, visibles comme des marguerites sous l'herbe rare; mais d'autres sensations viennent s'y joindre : « Semer céleri, cardons et choux de Milan; étêter les premiers pois; rechausser les fèves semées en février; œilletonner les artichauts. »

Il n'entre aucune raillerie dans ce que je vous dis là, madame. Je ne plaisante jamais sur l'amour, non plus que sur les *biens de la terre.* — Quant à ma nouvelle incarnation, je ne m'en fais pas un mérite. La gastronomie était en moi; après avoir sommeillé pendant quelque temps, elle se réveille — et elle éclate !

J'ai changé de poésie, ou plutôt j'ai conquis un rhythme de plus. Les splendeurs de la nutrition ont désormais en moi un nouveau barde. Incomplet autrefois, mon esprit s'est agrandi en même temps que mon estomac. J'aime la vie maintenant, en raison des moyens qui la prolongent. On ne saurait, d'ailleurs, trop honorer son corps ; et c'est rendre hommage à l'essence divine qui le compose, que l'entourer des soins les plus délicats. Machine merveilleuse, rien ne doit être négligé pour l'entretien de ses rouages. Un gourmet est un être agréable au ciel.

Ah! Émilie, je vous ai bien aimée! — mais

j'aime bien maintenant les caisses d'ortolans et le vin de Château-Palmer !

L'amour pâlit les fronts, s'il faut en croire l'apostrophe d'Alfred de Musset à M. Ulric Guttinguer; la gastronomie leur rend cette pourpre insensible qui est la trace d'un sang également réparti et vivace. Et l'oreille fleurie ! Et la paillette à l'œil ! Et la main épiscopale !— La modestie me siérait sans doute ; mais pourtant j'aurais une secrète satisfaction à être rencontré par vous, madame.

Il faut que vous me permettiez, au nom de nos souvenirs, de vous écrire encore quelquefois. *J'ai tant de choses à vous dire !* selon le mot des gens qui demandent un rendez-vous. Ne craignez rien cependant : je ne soufflerai pas sur les cendres éteintes; cela nous éborgnerait l'un et l'autre. Je préfère allumer un feu nouveau, — celui de votre office. Quelle humilité ! direz-vous. Chère dame, c'est une autre façon d'aimer : si je ne peux plus être le directeur de votre cœur, je serai au moins le directeur de votre appétit.

Charmez, restez belle et gracieuse; — mais, pour cela, mangez bien. Apportez dans votre nourriture le tact qui préside à votre toilette. Que votre dîner soit un poëme, comme votre robe.

Vous avez le bonheur d'être riche, vous pouvez être tour à tour la déesse de la chasse et la fée de la pêche, Diane et Ondine; vous pouvez régner sur les prés comme Cérès, et sur les jardins comme Pomone; vous pouvez résumer toutes les divinités utiles. Quel destin est le vôtre!

Je vous parlais, en commençant cette lettre, de la foire aux jambons, qui a lieu régulièrement à cette époque de l'année dans le quartier de la Bastille. Les boutiques des marchands forains s'étendent sur deux lignes, depuis la rue de la Cerisaie jusqu'à l'angle formé par la rencontre des boulevards Bourdon et Morland.

Riantes comme les toiles de Teniers, ces guirlandes de jambons sont du plus joyeux et du plus robuste effet. Il faut absolument que vous en achetiez un, Émilie; choisissez-le de noble figure et d'un beau rouge brun; qu'il apparaisse, par tranches parées et glacées, sur votre table, où il a droit de présence jusqu'à la Pentecôte. Si vous voulez unir la succulence à la logique, n'arrosez le jambon de Mayence qu'avec du vin du Rhin et le jambon de Bayonne qu'avec du vin du Roussillon.

Quoique vous ayez plus de sensibilité que Louis XVI et que vous voyiez dans les agneaux autre chose que des *côtelettes qui marchent*, — gardez-vous, cependant, de dédaigner le rôti d'agneau. C'est une primeur fugitive et qu'il faut saisir au passage. Poussez peut-être la curiosité jusqu'à ordonner, quelque matin, un plat d'*issues d'agneau au petit lard*; ce terme d'*issues* sert à désigner la tête, le cœur, le foie, le mou et les pieds du pauvre petit animal. Mise en œuvre par un cuisinier digne de ce nom, cette entrée a quelquefois obtenu de précieux suffrages.

N'importe, nous ne pouvons nous le dissimuler, Émilie ; c'est une période critique pour l'art culinaire que celle-ci, période de transition : — le gibier n'est plus et les légumes ne sont pas encore.

Saluons pourtant l'alose, qui arrive justement à l'heure où commence la défaveur du poisson. C'est le dernier mot du carême, mais un mot triomphal. Quel beau poisson, tout argent ! Les rives des fleuves en sont presque illuminées à l'heure crépusculaire où l'on vide toutes les barques.

C'est la *noisette aquatique*, comme on l'a si bien baptisée. — Faites pêcher l'alose dans cette radieuse Loire au bord de laquelle vous habitez, madame, et où j'ai passé de si doux instants avec vous, bien que j'aie failli y laisser le boire et manger.

Je dévore — de baisers — vos beaux doigts.

II

18 avril.

Mon âme est triste jusqu'à la sobriété. — Cela vient, madame, de ce que j'ai dîné hier dans un de ces restaurants comme on en voit trop dans Paris, ornés du haut en bas, peints jusqu'au criard, sculptés dans tous les coins. Oh! les affreuses et reluisantes boutiques !

C'est indigne. Des têtes d'Abeilards et de châtelaines aux cheveux tressés vous regardent niaisement du haut du plafond où elles sont suspendues. Les murs sont revêtus de verroteries coloriées, comme aux devantures des magasins de charcuterie; en guise d'incrustations, des morceaux de bois peints en rouge, en azur ou en quoi que ce soit, ont l'air de darder des feux, et ressemblent à des pierres précieuses comme un pain à cacheter ressemble à une auréole.

Cela ne peut éblouir que des enfants; mais les hommes qui recherchent une nourriture sérieuse et qui ont autant d'égards pour leur estomac que pour leur cerveau; ces hommes-là s'affligent d'une ornementation si détestable et si puérile. — De vastes et solides revêtements de chêne, voilà ce que comporte une salle à manger, et non ces repoussages de cuivre qui seraient bien mieux employés à la fabrication des petites trompettes de la foire de Saint-Cloud.

Une autre cause qui tend à faire du restaurant un endroit fastidieux, c'est la pauvreté et la monotonie de la *carte*. Rien de désespérant à ouvrir comme ce cahier relié, que vous êtes toujours certain de retrouver sur votre serviette, et qui, depuis Louis XVIII, n'a pas changé d'une sardine. Je sais bien que, par manière d'acquit de conscience, quelques restaurateurs ajoutent tous les jours à leurs cartes un supplément écrit à la main. Ce supplément s'appelle, on ne sait pourquoi, *feuilleton*. Feuilleton, soit; je ne suis point offusqué du terme, mais je souhaiterais à ce feuilleton une plus satisfaisante étendue; on s'aperçoit aisément qu'il n'a point été confié à la plume de M. Alexandre Dumas père.

Je lui souhaiterais, en outre, une originalité plus vive, une science d'invention qui manque presque tout à fait depuis longtemps aux praticiens de l'art alimentaire. On n'est ni en progrès ni en décadence, on est stationnaire. Les grands cuisiniers, ceux qui se sont réfugiés dans les maisons particulières, s'endorment sur le laurier de leurs sauces et tournent tristement dans le cercle des combinaisons adoptées.

C'est précisément ce cercle, madame, que je voudrais voir s'agrandir; ce sont des essais que je voudrais provoquer en dehors du préjugé et des usages. Je ne revendique point les impossibilités de Lucullus, je demande l'introduction d'aliments nouveaux dans la cuisine française.

Il ne s'agit, comme en toutes occasions, que d'oser.

Cessons de rire du *cerf aux confitures* des Allemands, peuple admirable. On s'est entretenu, il y a quelque temps, d'une étrange gargote, sise aux alentours du chemin de fer d'Orléans, et dans laquelle on mangeait les animaux décédés du *Jardin des Plantes*. Le traiteur avait un arrangement avec le gardien de la ménagerie, qui lui envoyait les bêtes subalternes jugées, par le jury d'empaillement, indignes des honneurs de la conservation. On vous servait un *filet de zèbre*, une *côte léopard nature*, une *hyène* aux champignons, quelquefois un oiseau rare. Là, seulement, a pu se réaliser le rêve des pieds d'éléphant à la poulette.

Il ne m'a point été donné de goûter à cette cuisine d'un ordre vraiment supérieur; je le regrette, il y avait là une tendance qu'on ne saurait trop encourager.

Mais, sans s'arrêter à des fantaisies exceptionnelles, sans exiger que les restaurateurs ajoutent sur leur feuilleton des ichneumons et des girafes, luxe que pourraient à peine se procurer les naturalistes et les potentats, on peut aisément innover sur une plus modeste échelle. Dans un pays comme le nôtre, où l'on se nourrit sans répugnance de la chair des grenouilles et des escargots, pourquoi ne pas essayer, par exemple, des sauterelles, des cigales et des demoiselles, qui n'ont rien de repoussant pour la vue et l'odorat? Cela ne peut pas être plus mauvais qu'autre chose ; il se peut même que cela soit délicieux, n'est-ce pas, belle Émilie ?

J'en dirai autant pour les écureuils, si gracieux et si grassouillets, et pour quelques variétés de serins, qui feraient si jolie figure sous une barde de lard taillée comme un paletot de levrette. Et la levrette elle-même, pensez-vous franchement que, toute jeune, elle serait déplacée à la broche d'un Borel ou dans la casserole d'un Robert ?

Je ne me fais point ici l'avocat des goûts dépravés, je n'excuse ni ne blâme l'astronome Lalande de son amour gourmand pour les araignées. J'aurais beau jeu, cependant, à cette réhabilitation, en présence d'une multitude de fromages délicieusement infects et des soupes à la bière. Mais, encore une fois, madame, je ne soutiens pas de thèse ; je me contente de hasarder de succinctes indications, qui, je l'espère, seront recueillies par quelques estomacs chercheurs.

En raison de ce qu'on mange avec satisfaction un faisan aux plumes d'or, je me suis avisé, un jour, de manger un perroquet, âgé de plusieurs mois. — C'était une vengeance, je dois l'avouer. — J'affirme que je l'ai trouvé fort bon, et je vous engage, madame, à en faire l'expérience. La perruche doit être plus délicate, je le suppose, mais je n'en avais pas alors sous la main.

Le chat, si séduisant d'aspect et de manières, n'a

pas besoin d'être défendu; il se défend tout seul,— au dire de certains hôteliers. Ni vous ni moi n'en savons rien, madame.

Il est plus difficile peut-être de démontrer l'excellence du rat. Le rat est trouvé malpropre par des gens qui estiment le porc et le sanglier comme viandes salutaires. Où la délicatesse va-t-elle se nicher ? Pauvres rats, vous si gentils, si dodus, si craintifs et si valeureux par intervalles (car il y a des rats qui se révoltent contre l'homme); vous à qui l'on a si pittoresquement et si justement assimilé les coquettes petites figurantes du corps de ballet de l'Opéra; comme on vous ignore, et surtout comme on vous calomnie ! Ne serez-vous jamais mis en lumière, gnomes familiers des souterrains ?

A Bordeaux, les tonneliers se repaissent avec délices des rats qu'ils attrapent dans les celliers, ou *chais*, pour me servir de l'expression locale. Ils dépouillent ces rats ordinairement très-gras, les fendent en deux et les servent sur le gril, assaisonnés avec des herbages, du sel et une forte pincée de poivre. J'en ai goûté maintes fois; ce n'est pas seulement bon, c'est succulent, c'est excellent.

Le mot du major Cravachon : « J'ai mangé du cheval, » n'a plus rien aujourd'hui qui doive surprendre.

Si nous entrons dans l'ordre des végétaux, d'innombrables lacunes viendront également s'offrir à notre regard. Que de jeunes pousses, que de tendres tiges qui pourraient être utilisées à l'instar des salsifis! Combien de fleurs qui ne servent qu'à composer des essences, et dont on pourrait faire des mets savoureux! — Certaines directrices de pensionnats excellent dans la préparation des confitures aux fleurs d'acacia.

Pour moi, j'estime que la salade n'en est encore qu'à son premier mot, malgré les efforts des émigrés de Coblence et en dépit des sauces anglaises.

Je me résume. La cuisine attend sa révolution, voire même sa terreur. Il faut qu'elle se renouvelle et se transforme comme toutes les choses; c'est l'inévitable loi. Elle traversera peut-être un bain d'eau-marie, n'importe! j'ai foi dans ses destinées. La cuisine ne peut périr; mais, pour être glorieuse et forte, pour dominer, pour régner, elle doit se dégager des traditions caduques, aller vers les estomacs révolutionnaires et puissants, agiter sur les fourneaux languissants le drapeau écarlate de l'innovation, convoquer instantanément un congrès d'animaux inconnus, de poissons inédits, de végétaux mystérieux, faire un appel éclatant aux trois règnes de la nature, tracer des voies, changer les nappes, aiguiser les couteaux et commencer par abattre tout de suite trois cent mille têtes sculptées d'Abeilard et de châtelaines dans les restaurants de Paris !

Recevez, madame, tous mes saluts.

III

2 mai.

Il y a trente manières d'accommoder les asperges; permettez-moi de vous recommander seulement aujourd'hui, madame, comme un entremets des plus distingués, les *asperges à la Pompadour*.—Votre cuisinière Césarine, qui se souvient encore de moi, me regarde à ces mots d'un air où se peint l'étonnement. Venez çà, Césarine, et écoutez bien.

Vous prenez de grosses asperges à bout violet, et, après les avoir bien lavées et préparées, vous les faites cuire dans de l'eau de sel bouillante. Coupez-les ensuite de la longueur du petit doigt et en biais, et mettez-les égoutter dans une serviette bien chaude, afin qu'elles ne se refroidissent pas pendant la confection de la sauce. — Pour faire cette sauce (redoublez ici d'attention, ma fille), il est indispensable de se servir d'une casserole d'argent, dans laquelle vous mettez par cuillerées le contenu d'un pot moyen de beurre de Vanvres ou de la Prévalais. Ajoutez quelques grains de sel, une demi-cuillerée de fleur de farine d'épeautre, une pincée de maïs en poudre et deux jaunes d'œufs frais délayés avec quatre cuillerées de verjus.— Comprenez-vous déjà? — Faites cuire cette sauce au bain-marie, mettez vos morceaux d'asperges dedans et servez très-chaud, en casserole couverte, —la casserole d'argent !

Les jours de petit comité, vous pourrez vous contenter de faire paraître, au matin, un ragoût de *pointes d'asperges*. C'est simple comme votre village, Césarine. Vous faites blanchir vos pointes et vous les cuisez à petit feu dans un coulis clair de veau et de jambon. Puis, lorsque la sauce est assez réduite, vous la liez avec un peu de beurre manié de farine, et vous l'arrosez d'un jus de citron.

C'est joli, les asperges; c'est gai; on dirait la carte de visite du printemps — apportée dans une assiette. Et quel aliment sain et léger!

Voici le temps des morilles aussi ; ce n'est point par l'apparence qu'elles brillent, elles, les pauvres habitantes du bord des chemins, les disgracieuses hôtesses des bois. Mais comme leur parfum les venge de leur laideur!—On les sert ordinairement sur une croûte, ou bien encore à l'italienne, ou simplement sautées.

Mais je ne vous parle là que des entremets, madame ; il convient d'aborder les plats résistants.

Sans plus d'exorde, je vous entretiendrai, si vous daignez le permettre, de *l'aloyau à la Godard.*

J'en prends la recette dans un des beaux et sérieux livres sortis de la librairie Curmer : *Le Cuisinier et le Médecin.*

« On dégage l'aloyau en enlevant toutes les apophyses épineuses des vertèbres ou dos de l'échine ; on le larde de lard épicé, on le ficelle avec soin en lui donnant une forme régulière. On met dans un brasier des carottes, un bouquet de fines herbes, des oignons, de bon bouillon, du vin de Madère, du poivre, du sel ; on fait cuire à petit feu. Quand l'aloyau est cuit à point, on prend les résidus, qu'on passe et dégraisse ; on les met dans une casserole avec du jus de viande, des ris de veau en tranches, des morceaux de ... (*shocking !*) d'artichaut, des champignons, des œufs frits ; on pose l'aloyau sur cette sauce, et l'on sert. »

L'aloyau à la Godard est un relevé savoureux et robuste.

Comme opposition, je vous conseille le plus délicat et le plus parfumé des rôtis : le pigeon. C'est l'oiseau de Vénus, vous le savez, Émilie ; c'est lui que les anciens attelaient au char de cette déesse ; — mais, une fois le char arrivé à destination, rien n'empêche de manger le conducteur.

Voulez-vous un poisson ? — Le maquereau vous sollicite ; *il arrive ! il arrive !* comme crient les marchandes ambulantes. Ayez quelques égards pour lui, ne serait-ce que pour sa laitance, qu'on apprête comme les laitances de carpes.

Le mois de mai est aussi cher aux gourmets qu'aux amoureux ; c'est lui qui nous apporte :

Le meilleur laitage,
Le meilleur beurre,
La meilleure laitue,
Les meilleures pommes de terre,
Les meilleurs artichauts,
Les meilleurs poulets,
Les meilleurs petits pois.

Mois fugitif, mois des espérances et des primeurs ! L'appétit a la fraîcheur d'une brise traversée par un rayon de soleil. Le palais retrouve sa virginité ; un vague attendrissement, où se mêlent toutes sortes de désirs et de projets, accompagne l'acte nutritif, charmant et discret comme un orchestre caché dans le feuillage. Il semble que l'on mange un peu avec le cœur !

Le plus dévoué de vos serviteurs, madame.

IV

20 juin.

C'est avec un chagrin profond que je vous ai vue vous marier au mois de juin. Cette époque, admirable aux yeux des peintres et des poëtes, ne reflète que la mélancolie et la stérilité aux yeux des gourmets. Vous rappelez-vous ce que fut votre repas de noces, madame? Peu ou point de viande de boucherie; plus de poisson; pour rôti le dindonneau seulement. Ah! je le répète, ce fut pour moi une émotion douloureuse.

Aujourd'hui que ce mois néfaste est revenu, que vous dirai-je? *Beuvez frais*, selon le précepte du maître. Je suppose que votre provision de glace est faite depuis longtemps. Mais, si une imprévoyance naturelle vous laisse au dépourvu, la chimie et la physique vous offrent plusieurs moyens pour produire un froid artificiel. A l'exemple des Égyptiens et des Espagnols, mettez votre eau dans ces vases poreux qu'on nomme *alcarazas;* exposez-les au soleil; une partie de l'eau suinte au travers des pores, et s'évapore à la surface : or, toute évaporation produit du froid. Si vous n'êtes pas à portée de vous procurer des alcarazas, enveloppez une cruche avec un peu d'étoupe ou de filasse recouverte d'une toile grossière ; mouillez cette enveloppe, et exposez la cruche au soleil le plus ardent, ou, mieux encore, à un courant d'air chaud : l'eau qu'elle contiendra se refroidira d'autant plus que l'évaporation sera plus rapide ; mais, aussitôt que l'enveloppe paraîtra sécher, il faudra la mouiller de nouveau.

C'est pourtant dommage que ce mois de juin soit si dénué de ressources, car les digestions sont rapides et l'appétit a ses brises. Il est cruel d'être alors placé entre le souvenir et l'espérance. C'est le moment des méditations, des anecdotes, des causeries. Causons donc, madame, pour tromper la saison.

Un Anglais, réfléchi en même temps qu'inventif, s'est livré dernièrement à un calcul fort singulier. Il a imaginé un épicurien, taillé sur le patron de Grimod de la Reynière ou de lord Sefton ; il se l'est représenté parvenu à sa soixante et dixième année et placé au sommet d'une importante colline. Autour de ce gourmand se groupent les masses considérables qui ont servi à sa nutrition depuis l'âge d'appétit. Nos célèbres nomenclateurs, Homère et le Tasse, et, après eux, le peintre des accumulations, Martinn, reculeraient devant cette quantité énorme d'animaux et de végétaux. Là, dans une prairie, paissent et broutent librement tous les bœufs, les veaux et les moutons qu'il a mangés.

Du milieu des blés qui ont servi à faire son pain, s'envolent des milliers d'alouettes, de cailles, de perdreaux qui ont figuré sur sa table. Les arbres ploient sous les fruits qui ont crié sous sa dent friande. Au bas de cette colline, l'aimable septuagénaire voit couler une rivière composée de tout le vin qu'il a bu : elle se subdivise en une infinité de bras de liqueur et de thé. Dans cette rivière nagent les poissons dont il fit ses délices; sur le bord se pavanent les canards, les coqs, les poulardes, sans compter les lapins, sur lesquels son cuisinier accomplit de sanglantes dragonnades. Une imposante fortification serpente autour de cette colline : elle est formée d'une triple rangée de puddings et de tartes sur deux couches de melons; de distance en distance pointent, comme des canons, des tonneaux de riz, de piment et de poivre.

Le gastronome de soixante et dix années domine tous les trésors de cette Chanaan nouvelle. Il sourit avec satisfaction au total prodigieux de ses repas; et sa bouche, qui s'humecte au souvenir de tant de bonnes choses, son œil qui se dilate, ses bras qui s'étendent, tout chez lui semble dire :

— Voilà le prix de la vie!

CHARLES MONSELET.

LES SOUPERS DE PARIS

LA BELLE VÉRONIQUE

Ce fut un beau souper, ruisselant de surprises,
Les rôtis, cuits à point, n'arrivèrent pas froids.
Par ce beau soir d'hiver, on avait des cerises
Et du johannisberg, ainsi que chez les rois!

Tous ces amis joyeux, ivres, fiers de leurs vices,
Se renvoyaient les mots comme un clair tambourin;
Les dames, cependant, suçaient des écrevisses
Et se lavaient les doigts avec le vin du Rhin.

Après avoir posé son verre encore humide,
Un tout jeune homme, épris de songes fabuleux,
Beau comme Antinoüs, mais quelque peu timide,
Suppliait dans un coin sa voisine aux yeux bleus.

Ce fut un grand régal pour la troupe savante
Que cette bergerie, et les meilleurs plaisants
Se délectaient de voir un fou croire vivante
Véronique aux yeux bleus, ce joujou de quinze ans.

Mais l'heureux couple avait, parmi ce monde étrange
L'impassibilité des Olympiens : lui,
Savourant la démence et versant la louange;
Elle, avalant sa perle avec un noble ennui.

L'ardente causerie agitait ses crécelles
Sur leurs têtes; pourtant, quoi qu'il en pût coûter,
Ils avaient les regards si chargés d'étincelles,
Que chacun à la fin se tut pour écouter.

« Vraiment! jusqu'à mourir! » s'écriait Véronique
En laissant flamboyer dans la lumière d'or
Ses dents couleur de perle et sa lèvre ironique.
« Et si je vous disais : « Je veux le Kohi-Nor! »

(Elle jetait au vent sa tête fulgurante,
Pareille à la toison d'une angélique miss
Dont l'aile des steamboats à la mer de Sorrente
Emporte avec fierté les cargaisons de lis!)

« Chère âme, répondit le rêveur sacrilége,
J'irais, la nuit, tremblant d'horreur sous un manteau,
Blême et pieds nus, voler ce talisman, dussé-je
Ensuite dans le cœur m'enfoncer un couteau. »

Cette fois, par exemple, on éclata. Le rire
Sonore et convulsif, orageux et profond,

Joyeux jusqu'à l'extase et gai jusqu'au délire,
Comme un flot de cristal montait jusqu'au plafond.

C'est un hôte ébloui, qui toujours nous invite.
La fille d'Ève eut seule un éclair de pitié;
Elle baisa les yeux de l'enfant, et bien vite
Lui dit, en se penchant dans ses bras à moitié :

« Ami, n'emporte plus ton cœur dans une orgie.
Ne bois que du vin rouge, et surtout lis Balzac :
Il fut supérieur en physiologie
Pour avoir bien connu le fond de notre sac.

Ici, comme partout, l'expérience est chère.
Crois-moi, je ne vaux pas la bague de laiton
Si brillante jadis à mon doigt de vachère,
Dans le bon temps des gars qui m'appelaient Gothon.

THÉODORE DE BANVILLE.

GASTRONOMIE BRITANNIQUE

Le sujet que nous allons traiter paraîtra sans doute bien vulgaire aux voyageurs dits sérieux, préoccupés avant toute chose de camps de César et d'inscriptions romaines illisibles. Nous parlerons tout simplement d'un dîner fait à la taverne un dimanche.

La manière dont Londres mange doit sembler plus intéressante à Paris que des considérations historiques sur des personnages fabuleux.

Qu'est-ce qui fait la différence d'un pays à un autre, si ce n'est ces mille détails familiers dédaignés par les plumes majestueuses, si prolixes lorsqu'il s'agit de vieilles bornes et de statues à nez cassé ?

Le dimanche, à Londres, est quelque chose d'aussi triste que la semaine à l'Escurial. On s'amuserait mieux assis tout seul, sans lumière, au fond du puits de la grande pyramide, que dans cette ville désastreuse lorsqu'elle est frappée de la catalepsie dominicale. La seule chose qu'on puisse faire dans ce jour néfaste, c'est manger.

Les Anglais eux-mêmes, si héroïques vis-à-vis de l'ennui, se sauvent toujours ce jour-là et envahissent les tavernes des environs ; ceux qui restent se coupent la gorge, se pendent ou se jettent dans la Tamise. Westminster-Bridge, Hungerford, Suspension-Bridge, Waterloo-Bridge leur donnent toutes les facilités désirables pour cela.

En attendant, le peuple de Londres se précipite hors de la ville avec l'empressement le plus vif.

Les uns vont à Blackwall, les autres à Greenwich ou à Gravesend, ceux-ci à Richmond, ceux-là à Hampton-Court, en voiture, en omnibus, en bateau à vapeur, en canot à rames et à voiles, en waggon, par toutes les voies d'eau, de terre ou de fer, à pied même; l'important, c'est de ne pas rester.

Le spectacle de la Tamise est alors vraiment merveilleux ; c'est un mouvement, une cohue dont on n'a pas d'idée; les populations descendent par théories le long des rampes, sur les escaliers et les embarcadères ; des familles de douze personnes, demoiselles en brodequins verts, garçons de quinze à dix-huit ans en veste à la matelot, se succèdent sans interruption : tout cela, propre, bien tenu, parfaitement rasé et frisé, ganté dru et haut cravaté ; les Anglais, il faut leur rendre cette justice, peuvent souvent avoir l'air gauche et désagréable, mais ils n'ont jamais l'air commun. Cela tient à un certain orgueil intime, et au sentiment de la puissance nationale.

Ce dimanche-là, il faisait un temps aussi beau qu'on peut le désirer à Londres; il ne pleuvait pas; aussi la Tamise, toute large qu'elle est, disparaissait sous un encombrement d'embarcations de tout genre; il y avait bien, sans exagération, cent mille voyageurs sur le fleuve.

Si vous voulez, nous entrerons à la taverne de

l'Artichaut; c'est la meilleure de Blackwall, et de ses fenêtres l'on jouit d'une vue charmante. A cet endroit, la Tamise fait un coude et se reploie sur elle-même. Vous voyez les vaisseaux aller et venir ; par un effet de perspective bizarre, quelquefois ils semblent voguer en pleine terre, car les berges cachent l'eau du fleuve.

Ou plutôt arrêtons-nous à Greenwich, à la taverne du Vaisseau, ainsi nommée de son enseigne, et qui passe, parmi les raffinés, pour un des bons endroits. Pendant qu'on mettra le couvert, nous aurons le temps de jeter un coup d'œil à l'hôpital des Invalides de la marine, chef-d'œuvre d'Inigo Jones. N'ayez pas peur : nous n'allons pas vous faire une description surchargée de festons et d'astragales. Vu de la Tamise, l'hôpital de Greenwich poduit un bel effet; ses deux pavillons, un peu trop écartés peut-être, laissent librement jouer l'air sur un fond de belle verdure.

La portion de Greenwich qui avoisine la rivière est coupée d'étroites ruelles et conserve des vestiges de l'ancienne architecture anglais. Les enseignes de taverne, les écriteaux de chambre d'*accomodation* pour le thé, les petits gâteaux et autres choses (*accomodation* a un sens très-élastique en anglais) diaprent les murs de leurs formes et de leurs lettres bizarres. La plupart de ces maisons sont bâties moitié de briques jaunâtres, moitié de planches enduites de bitume ou peintes en noir, et, malgré la simplicité de leur extérieur, ne manquent, en dedans, d'aucune des recherches du luxe et du confortable.

Les vitres des fenêtres à guillotine — il n'y en a point d'autres en Angleterre — de la chambre où notre table était servie, disparaissaient sous des milliers de rayures faites par des carres de diamant. La plupart des couples heureux ou des convives en belle humeur qui ont passé là ont écrit leurs noms sur le verre ; jamais carreaux n'ont été plus égratignés ni labourés que ceux de la taverne du Vaisseau. — On lit des signatures et des dates qui donneraient lieu à de singulières remarques. Parmi les noms de femmes, il y en a beaucoup de français et qui appartiennent à des célébrités du théâtre et de la galanterie.

Plusieurs de ces autographes sont d'une authenticité incontestable. Nous en avons copié quelques-uns avec le nom de l'Arthur contemporain, et du *for ever* inséparable d'une inscription de ce genre. Heureusement, nous avons égaré cette note, dont la publication pourrait troubler quelques jolis petits ménages morganatiques.

La moralité que nous avons tirée de la compulsation de cette fenêtre étamée de griffonnages, c'est que les Estelles de tous ces Némorins français ou britanniques avaient des diamants, —

puisque le diamant est la seule plume avec laquelle on puisse écrire sur les carreaux.

La soupe à la tortue, *turtle-soup*, est une soupe éminemment anglaise ; — elle figure bien à Paris, pour mémoire, sur la carte de quelques restaurateurs ; — mais, quand par hasard vous en demandez, l'on vous sert une mixture apocryphe et noirâtre assez abominable au goût et à l'œil. — La soupe à la tortue authentique est d'un brun verdâtre, et d'une consistance gélatineuse rappelant le tapioca très-épais : quelques morceaux de la chair même de l'animal nagent confusément sous la demi-transparence du bouillon. Toutes les épices de l'Amérique et de l'Inde se réunissent dans le turtle-soup, de manière à produire un ragoût des plus véhéments. A la première cuillerée, un honnête Parisien, qui n'a pas l'habitude de ces cuisines transcendantes, se croit empoisonné, et regarde son convive insulaire avec inquiétude, pour voir s'il ne va pas éclater comme une bombe ; à la seconde, il commence à discerner quelques saveurs à travers l'incendie général du palais ; les houppes nerveuses, les papilles, trop vivement excitées d'abord, reviennent de leur effroi en appréciant mieux les émanations qui viennent les titiller ; à la troisième, il est tout à fait habitué, et trouve la soupe à la tortue ce qu'elle est réellement, un héroïque et moelleux potage.

Quelques gourmets y ajoutent le jus d'un citron pressé. Ayant usé de l'une et de l'autre, nous déclarons que la première manière est la meilleure; en cuisine comme en tout, le mieux est l'ennemi du bien.

Après la soupe à la tortue, on sert du punch glacé — *iced punch;* — c'est le seul breuvage capable de dissiper la forte et persistante saveur de cette soupe énergique.

Sans cette précaution, l'on ne pourrait discerner le goût des mets qu'on vous servirait ensuite.

Le poisson prédomine naturellement dans un dîner fait à Greenwich; la rivière est là, il n'y a qu'à se baisser pour en prendre; de la croisée, vous pourriez pêcher à la ligne.

Le premier service se compose de petites soles ou limandes cuites au court-bouillon et assaisonnées de menthe; de tronçons d'anguilles monstrueuses, de côtelettes de saumon au piment — par côtelettes de saumon, il faut entendre des tranches arrangées dans cette forme — et de white-baits, ce qui est la friandise locale et suprême, comme les royans de Bordeaux et les clovisses de Marseille.

Les white-baits (littéralement amorces blanches) sont de petits poissons argentés, d'une petitesse microscopique. Ceux qui ont plus de trois ou quatre lignes de long passent pour les monstres de l'espèce. Figurez-vous une friture de goujons réduite à l'échelle de Lilliput, une pêche miraculeuse à l'usage de Tom Pouce; — il faut, pour remplir une cuiller, des bancs entiers de ces imperceptibles animalcules; aussi un plat de whitebaits coûte-t-il assez cher. Le goût de ce poisson miniature a du rapport avec celui de l'éperlan.

L'habitude, en mangeant ce service, est de boire du vin de la Moselle ou du Rhin, frappé, sucré et parfumé d'herbes aromatiques. Cet hypocras n'a d'autre inconvénient que de griser très-vite, car sa feinte douceur cache beaucoup de force.

Le second service consiste en poulet, gigot d'agneau, jambon d'York, légumes de toutes sortes, cuits à l'eau, qu'on saupoudre de poivre rose de Cayenne, qu'on arrose d'Harwey-sauce, d'essence d'anchois, de carri et autres ingrédients hindous et diaboliques, toujours sous prétexte d'horreur des ragoûts et d'amour de la cuisine simple. Le vin de Champagne frappé, ou quelque cru supérieur de Bordeaux, sert à éteindre, tant bien que mal, la soif produite par ces méthodes incendiaires. Il est bien entendu que des carafes pleines de sherry ou de porto figurent inamoviblement sur la table, dans le but de représenter l'eau. Pour dessert, des cœurs de laitue ou des pieds de céleri, des fraises magnifiques, d'une grosseur énorme, sur lesquelles on verse de la crème glacée, toutes les variétés de fruits rouges, du fromage de Chester, des oranges, des ananas, — très-communs à Londres,—et de petites pâtisseries croquantes, ressemblant en général à du biscuit de mer.—La séance se termine par du café, de l'eau-de-vie de Cognac et du thé.

Ce dîner, plus ou moins développé ou restreint, suivant le nombre ou l'appétit des convives, peut être pris pour moyenne caractéristique des parties fines qui se font à Greenwich.

THÉOPHILE GAUTIER.

LE COCHON

Le cochon, cet animal encyclopédique.
GRIMOD DE LA REYNIÈRE.

Les animaux dont le sort est de passer, — des clairières odoriférantes, du bois profond, de la plaine vagabonde, de la basse-cour grasse et sensuelle, aux casseroles d'un rose luisant des cuisines, aux tournebroches d'acier qui réverbèrent le feu, — tous ces animaux, pour ainsi dire, ne meurent pas tout entiers. — Ils n'avaient pas exclusivement vécu pour manger, on ne mangera qu'une partie d'eux-mêmes.

On se souviendra d'eux après le dîner où ils figurent. — Ce brave *pigeon*, affligé de *la crapaudine*, il s'est rengorgé bien souvent dans des langueurs tendres et des roucoulements pâmés. — Il traversait le jardin avec un gros bruissement d'ailes soyeuses. Ce *mouton*, réduit en côtelettes *Soubise*, — cette petite robe de mousseline-laine que porte le dimanche une grisette pour de bon, — me le rappellera toujours quand elle passera dans ma rue ; — ce mouton a habillé *Clémence*. — La ramure du *cerf* se suspend au-dessus de l'énorme cheminée, dans la cuisine d'un vieux château de province. — La tête d'une *bécassine*, trophée mélancolique et séché, décore la salle à manger du petit propriétaire rural. — Cette *oie*, pelotonnée dans un abreuvoir de graisse, qu'enferme une grande cuvette d'argent, cette oie, antique régal, — avec une de ses plumes, on écrira peut-être : *volupté*. — La queue belliqueuse de ce *coq* si dodu va flotter sur le bicorne d'un *chasseur* de bonne maison, ou sur la coiffure d'un militaire tartare. — D'ailleurs, ce coq ne vous a-t-il pas réveillé fort à propos plus d'une fois, lorsque vous rêviez qu'on allait vous couper la gorge? — Quel charme avait ce cri perçant et bourgeois, tandis qu'à travers vos persiennes, l'aube encore sans soleil dissipait déjà les monstrueux fantômes des ténèbres! — Ce *sanglier* farouche, dans une de ses défenses, façonnée en boîte à ouvrage, une adolescente, blanche et amoureuse, serre sa broderie du soir. Toutes ces victimes de la table en appellent, pour ainsi dire, à la postérité.

Seul d'eux tous, le *cochon* sera oublié. — Il n'a vécu que pour manger, il ne mange que pour mourir. — Il mangeait tout ce que rencontrait son groin goulu, il sera mangé tout entier. — Il mangeait toujours, on le mangera toujours; — jambon fumé ou lard séculaire... on le suspend au plafond bruni des cuisines. Sa gourmandise ignoble est expiée d'une façon terrible. Les autres animaux, ses confrères, ne pensaient pas qu'à leur appétit; — en les voyant, on ne pensait pas qu'à les manger. — Le pigeon faisait des élégies amoureuses, le coq avait des caprices turcs; — le cerf était charmant, fuyant à travers les taillis clair-semés; — l'*oie*, cette *madame Patin* des volatiles, prenait avec majesté des airs de cygne fort réjouissants; — la *bécassine* se profilait, svelte, avec son bec en aiguille et sa houppe délicate, au-dessus de l'étang lourd et mat; — le *mouton* rappelait M. de Florian, madame Deshoulières et Rosa Bonheur. — Le cochon est tout simplement un immense plat qui se promène, en attendant qu'il soit servi. — Par une sorte de photographie de sa destination future, tout annonce, du reste qu'il doit être mangé, mais mangé de façon à ce qu'il ne reste pas de lui un osselet, un poil, un atome.

Cette peau, rose et tachetée de noir, figure déjà la galantine truffée; — ce fessier, résistant et fourni de barde, indique déjà le dessin d'un jambon; la tête, aux yeux recouverts d'une pellicule d'œufs ou d'une pelure de fruit, au groin barbouillé, aux oreilles plates et roides, annonce déjà ces hures raccommodées qui flattent les gros mangeurs; — les pieds souillés de boue et couleur de friture ont l'air de s'en aller à Sainte-Menehould !

En le voyant passer, l'un dit : « Que de belles crépinettes ! » l'autre : « Quelles aunes de boudin ! » celui-ci suppute le nombre de rôtis. — Il semble que ce ne soit pas un animal qu'on regarde. — Et, quand on l'a dévoré tout entier, personne ne dit :

C'était un beau cochon !

XAVIER AUBRYET.

TRADUCTION D'HORACE (1)

A UNE AMPHORE

O nata mecum consule Manlio, etc.

O mon amphore! ô toi! plus vieille qu'il ne semble,
A Manlius consul nous remontons ensemble.
Que nous apportes-tu? Mais, querelles ou pleurs,
Gaîté, sommeil facile ou brûlantes ardeurs,
Tu n'en contiens pas moins, dans ton argile honnête,
Un massique choisi, digne d'un jour de fête.
Corvinus est mon hôte. Allons! c'est aujourd'hui,
Mon amphore, qu'il faut te desceller pour lui;
Car il est de ceux-là dont la philosophie
S'accommode assez bien d'une coupe remplie,
Le vin, plus d'une fois, a réchauffé, dit-on,
La rigide vertu de l'austère Caton.

(1) M. Armand Barthet travaille depuis longtemps à une traduction d'Horace, traduction aujourd'hui à peu près terminée et dont il veut bien nous communiquer un avant-goût. Nul mieux que l'auteur du *Moineau de Lesbie* ne pouvait rendre les élégances du poëte latin.

Au plus sobre tu fais doucement violence,
O généreux vin pur ! Et tu romps le silence,
Du sage qui, bavard et gai quand il a bu,
Raconte ses secrets et met son cœur à nu.
Tu verses avec toi la force et l'espérance
Dans les cœurs attristés. Après une bombance,
Le pauvre n'a pas peur, — pas plus des potentats
Au sceptre redouté, — que du fer des soldats.

Que Vénus souriante et les Grâces qu'enchaîne
Un lien fraternel, ô mon amphore pleine !
Aux lueurs des flambeaux t'accordent de durer
Jusqu'à l'heure où Phœbus viendra nous éclairer.

ARMAND BARTHET.

LE DINER QUE JE VEUX FAIRE

A MADEMOISELLE ***

Le dîner que je veux faire,
Avec toi je le ferai,
Sous la treille verte et claire,
Un des premiers jours de mai.

Je te sais Parisienne,
Nous n'irons pas loin d'ici :
Nous choisirons Louvecienne,
Sèvres ou Montmorency.

A l'auberge où se balance
Le *lion* tout en cheveux,
Ou le *cheval* qui s'élance,
Nous entrerons, si tu veux.

Nous aurons, ô ma charmante,
Alors même qu'elle bout,
La soupe épaisse et fumante,
Où la cuiller tient debout ;

Puis le jambon de Mayence,
Aux magnifiques couleurs,
Sur l'assiette de faïence
Peinte de grossières fleurs.

Et l'omelette charnue,
Si jaune, qu'en notre erreur
Nous la croirons revenue,
Pour nous, de chez le doreur.

Rien ne te paraîtra fade ;
Tout ira selon ton gré :

Tu sais que pour la salade
J'ai les soins d'un émigré.

Dieu sait les chansons de merle
Que ton gobelet tiendra !
Tu peux y jeter la perle,
L'argenteuil la dissoudra.

CHARLES MONSELET.

UNE CARTE DE VÉRY IL Y A CINQUANTE-SIX ANS

Nous avons sous les yeux une carte imprimée en 1803; c'est celle de l'établissement de « Véry, restaurateur, glacier et limonadier, au jardin des Tuileries. » Ce restaurant, qui était situé terrasse des Feuillants, avait conquis la vogue du premier coup.

Il nous a paru intéressant de donner quelques-uns des prix de cette carte, et de montrer ce que dépensaient nos pères à leur diner. Eh bien, nos pères dépensaient autant que nous, et même davantage.

. . . . Et la preuve,
Dans *cette carte* je la treuve;

comme dit le Garo de la Fontaine.

Passons sur les potages, qui sont tous à douze sous, excepté le potage à la Conti et le riz à la Turque, qui montent jusqu'à quinze sous.

Les huîtres d'Étraitas (*sic*), — douze sous. Cela va encore.

Le filet de bœuf sauté dans sa glace, le bifteck aux pommes de terre, le rosbif, l'entre-côtes aux cornichons ou à la maître d'hôtel, — vingt-cinq sous. Au taux où était l'argent alors, ces prix sont plus élevés que ceux d'aujourd'hui.

Deux côtelettes panées, — seize sous. C'est plus doux.

Mais voici où la cherté revient :

Ris de veau à l'oseille, — deux livres.

Tête de veau en tortue, — deux livres.

Salade de volaille, — deux livres dix sous.

Pigeon en crapaudine, — deux livres dix sous.

Saumon, sauce aux câpres ou à l'huile, — deux livres.

Raie au beurre noir, — une livre dix sous.

Sole frite, — deux livres.

A côté de ces prix, élevés en tout temps, nous voyons des perdreaux rôtis à deux livres, des omelettes aux rognons à dix-huit sous et des fromages à six sous.

Tout cela s'équilibre.

Mais, au moins, nos pères payaient sans doute leur vin moins cher, nous dira-t-on.

Consultons la carte de 1803 :

Châblis, — deux livres.

Grave, — cinq livres.

Ermitage, — six livres.

Beaune, — trois livres dix sous.

Volnay, — quatre livres.

Nuits, — quatre livres.

Richebourg, — cinq livres.

Romanée Saint-Vivant, — six livres.

Bordeaux Laffitte, — sept livres.

Champagne mousseux, — cinq livres dix sous.

Champagne Sillery, — sept livres.

Madère sec, — dix livres.

Pacaret, — seize livres.

Constance, — vingt livres.

Allons, allons, nos pères nous valaient, et, entre cinq et six heures, ils dépensaient sans grands efforts leur pistole au restaurant de la terrasse des Feuillants !

Qu'on cesse donc de se récrier sur l'exorbitance actuelle des prix du bien-manger dans les maisons de premier ordre. Relativement, le Véry de 1858 est infiniment moins cher que le Véry de 1803.

CHARLES MONSELET.

LE CABARET DE LA POMME DE PIN

Voici, mon cher Monselet, un document de gastronomie rétrospective. Puisque vous avez trouvé curieux de mettre sous les yeux de vos lecteurs la carte d'un restaurant d'il y a cinquante ans, il vous paraîtra sans doute intéressant de leur apprendre à quel prix pouvaient se régaler, au milieu du XVIIe siècle, deux bourgeois de Paris, connaisseurs et gens d'esprit. C'est *la carte* du cabaret de la Pomme de Pin, en 1670, que j'extrais pour vous d'un petit ouvrage fort curieux et fort rare, intitulé : *le Tracas de Paris*, en vers burlesques, et dont l'auteur est François Colletet, fils de Guillaume l'académicien, Parisien de naissance et de plume, et qui, rien que sur ce sujet de Paris, son histoire, ses monuments, ses mœurs, etc., a écrit quatre ou cinq ouvrages différents. J'ai donné autrefois, vous vous en souviendrez peut-être, l'analyse d'un petit poëme, où, sous le prétexte d'une promenade avec un ami auquel il veut faire connaître les particularités de la ville, Colletet décrit successivement la foire Saint-Laurent et la foire Saint-Germain, les jeux des bateleurs, les divertissements, les promenades, le passage du roi, etc., etc. C'est après une longue flânerie à la foire Saint-Laurent et dans les alentours que l'auteur et son compagnon, fatigués, affamés et encore plus altérés, s'en viennent s'attabler au cabaret de la Pomme-de-Pin, situé sur le pont Notre-Dame.

Voici donc le menu et le prix de cette collation; Colletet demande la carte :

> — Enfants, holà! que quelqu'un monte!
> Prends cet argent et fais le compte :
> *Trente* en chapon et *six* en pain,
> *Deux* en fromage et *seize* en vin,
> *Dix* en jambon, — est-ce l'affaire?
> *Et cinq sols pour la bonne chère.*
> Sans compter les deux sols pour toi,
> Pour mieux te soubvenir de moi.

Trois francs et onze sous! un chapon, du jambon, le vin et le dessert! Où ferait-on aujourd'hui un repas semblable pour le double du prix?

N'admirez-vous pas surtout les cinq sous ajoutés

pour la bonne chère? La bonne chère! c'est-à-dire le zèle et le talent du cuisinier, la satisfaction du convive. Il est vrai qu'il y a des choses qu'on ne peut mettre sur la carte. Ces choses-là, nos ancêtres prétendaient non les payer, mais les récompenser. Étonnons-nous donc maintenant d'être si mal servis!

Ce qui n'est pas moins touchant, ce sont les soins que prend Colletet pour assurer la bonne condition de son repas.

Ne croyez pas qu'il se contente de choisir sur une carte — de confiance — les mets dont il veut le composer; non pas. Il s'en va faire en personne un tour à la cuisine.

J'ai vu là-bas, sur cette table,
Un chapon assez raisonnable;
Il est bien tendre, assurément;
Est-il lardé tout fraîchement?
Que je sente un peu son derrière.

Qu'en dites-vous? Le choix du pain est ensuite une longue affaire. Sera-ce le pain à la *reine*, le pain à la *montauronne*, le pain aux œufs battus? Et c'est le pain de Gonesse qui l'emporte.

Peut-être dira-t-on que c'est se donner bien du mal pour un repas à 3 fr. 55 c. N'importe, cette volaille et ce jambon me trotteront longtemps dans la mémoire, et, s'il plaît à Dieu, je ne mourrai pas sans avoir dîné au cabaret, d'un chapon et d'un litre à seize ; et, si je suis content, je donnerai cinq sous pour la bonne chère... et pour la tradition!

CHARLES ASSELINEAU.

RÉFLEXIONS D'UNE MAITRESSE DE MAISON SUR LES INCONVÉNIENTS D'UN APPÉTIT TROP COMPLAISANT

Mon mari et moi aimons la société et jouissons d'une aisance convenable ; il nous arrive rarement de ne pas réunir quelques personnes à dîner, deux ou trois fois par semaine. La plus grande cordialité a jusqu'ici présidé à nos festins ; mais voici qu'un jeune homme, proche parent de mon mari, s'est récemment joint à nous, et son attitude inconvenante, si elle n'est promptement réprimée, menace fort de troubler notre tranquillité. Il est, d'ailleurs, trop ami de mon mari, pour que je lui fasse aucune représentation par une autre voie plus directe que celle-ci.

Une lettre imprimée dans votre recueil rencontrera probablement son regard, car il est grand lecteur de sa nature, et se pique de saisir au vol toutes les nouveautés. Vraiment, il n'est point du tout dépourvu d'intelligence. Mon mari le dit fort spirituel ; pour ma part, je ne puis prétendre à être un bon juge en cette occasion, l'ayant rarement vu ouvrir la bouche en dehors des circonstances étrangères à la conversation. Bref, monsieur, le défaut de ce jeune homme est une complaisance illimitée envers son estomac. Le premier jour qu'il dîna avec nous, il crut nécessaire d'expliquer le long séjour qu'il fit faire aux plats sur la table, en alléguant qu'il avait fait le matin une très-longue promenade dont il revenait à jeun. Mais, comme cette justification ne pouvait servir qu'une ou deux fois au plus, il a dernièrement jeté le masque et préféré se montrer ce qu'il est, sans réserve comme sans explication.

Vous ne sauriez vous représenter à quel point sa conduite est devenue désagréable. Sa façon de regarder les plats, alors qu'on les apporte dans l'appartement, est décidément immodeste; elle ressemble au regard impudent qu'adressent les beaux de la mode actuelle à une jolie femme faisant sa première apparition dans un salon. Moi, je me prends d'une réelle pitié pour ces pauvres plats, et ne puis m'empêcher de penser qu'ils ont conscience de cet état, et sont mal à l'aise d'être ainsi considérés pour ce qu'ils ne sont pas.

Ensuite, il n'a aucun scrupule, même après qu'on a servi fromage et fruits, de garder sur la table un morceau de viande, jusqu'à ce qu'il l'ait, comme il dit, *expédié*. Jugez comme cela est de mauvais goût lorsqu'il y a des dames. Jugez aussi, monsieur l'éditeur, combien cela détruit l'ordre et la bonne mine d'un repas. Et, cependant, j'ai pris l'habitude de le servir le premier, avant mes amies, contrairement à tous les bons usages, afin qu'il ne retombe plus dans cette inconvenance. Je voudrais qu'il eût mangé avant de venir.

Ce qui rend sa manière d'agir chez nous encore plus choquante, c'est que mon mari, obligé par politesse d'offrir de la viande à ses invités, se nourrit exclusivement, ainsi que toute sa famille (moi comprise), de légumes. Nous avons ce principe que la nourriture animale n'est ni bonne ni naturelle à l'homme; et même, nous ne nous résignons à user de légumes qu'après qu'ils ont subi l'opération du feu, en considération des mille petites créatures vivantes que le microscope nous aide à découvrir en chaque fibre de la plante ou de la racine avant sa préparation. D'après le même principe toujours, nous faisons bouillir l'eau qui nous sert d'unique boisson avant de souffrir qu'elle paraisse sur notre table. Nos enfants sont de petits pythagoriciens accomplis, et il vous ferait plaisir de les voir dans leur pépinière se restaurer de fruits secs, tels que raisins et figues, et de lait. Le lait est la seule chose approchant de la nourriture animale qui leur soit permise. Ils n'ont pas la moindre idée de la manière dont la substance d'une créature qui a autrefois joui de la vie peut devenir un aliment pour une autre créature. Un bifteck est une absurdité pour eux; pour eux, le mot côtelette de mouton est un solécisme complet, un mot sans signification; pour eux encore, le mot boucher est également privé de sens, à moins qu'il ne soit employé pour désigner un homme ami du sang, un héros.

Nous avons gardé leur âme dans cet état d'heureuse innocence, ne leur accordant pas de pénétrer dans la cuisine, ne laissant parvenir jusqu'à eux aucun mot relatif à la préparation de la nourriture animale, ne leur faisant pas même connaître l'existence de pareilles choses. Mais, comme cette bénigne ignorance est incompatible avec un certain âge de la vie, comme aussi ma fille aînée, qui aura accompli ses dix ans vers le milieu de l'été prochain, doit bientôt entrer dans la société et s'asseoir à notre table, où elle sera témoin de choses hostiles à ses principes, je m'efforce par degrés d'y accoutumer son esprit, et de la préparer aux impressions désagréables qui l'accableront.

A la première ouverture que je lui fis sur ce sujet, je la vis reculer avec la même horreur que nous montrerions à un récit d'anthropophages. Cependant, elle s'est peu à peu familiarisée en quelque sorte avec cette idée, quand je lui eus dit qu'il s'agissait d'un usage du monde auquel, malgré son absurdité, nous devons nous soumettre, autant que nous pouvons le faire sans crime et sans scandale. Elle a montré en tant d'autres occasions une telle force d'âme (dont elle est redevable au calme et à la sérénité que donne l'abstinence), que j'espère, à l'époque de ses débuts, l'amener à supporter, sans s'évanouir, la vue d'un poulet rôti ou d'un plat de ris de veau. D'après ce court exposé de notre petit intérieur, vous pouvez voir quelles entraves à son économie, quelles révolutions, quels bouleversements la présence d'un pensionnaire, tel que ce jeune homme plus haut cité, est destinée à y produire.

Je m'étonne qu'à une époque comme la nôtre, où la rareté des substances alimentaires est l'objet de si lugubres constatations, la honte n'agisse pas sur cet homme. Peut-il avoir lu les réflexions de M. Malthus sur les proportions des aliments à la population? Peut-il admettre sérieusement qu'il soit permis à un homme d'absorber la part d'un grand nombre d'autres hommes?

Le jeune homme en question est d'un extérieur agréable, et tel qu'on se ferait de bon gré sa caution sur l'article du mariage ; mais sa fortune n'est pas des plus grandes, et quelle jeune femme, douée de prudence, pourrait songer à unir son bien à celui d'un homme qui apporterait dans la communauté trois ou quatre bouches (tout autant) à nourrir? Autant vaudrait pour elle choisir un veuf, ayant la même fortune et muni de trois ou quatre enfants.

Je ne saurais vous dire à qui ce jeune homme ressemble; son père et sa mère étaient des mangeurs raisonnables. Pourtant, j'ai ouï dire que la dernière avalait sa nourriture fort rapidement, et que le premier avait la détestable coutume de demeurer longtemps à table. Peut-être a-t-il hérité des deux.

Je désirerais, monsieur l'éditeur, que vous voulussiez bien réfléchir là-dessus, et nous communiquer vos idées au sujet d'un estomac immodéré, et de l'alimentation par la chair des animaux.

Traduit par Louis Dépret.

RÉPONSE A UNE MAITRESSE DE MAISON
RÉFLEXIONS
DU GLOUTON SUR L'APPÉTIT

Monsieur l'éditeur,

Je me dispose à étaler à vos yeux les circonstances de la plus inique persécution dont un pauvre diable ait jamais eu à se plaindre. Donc, vous êtes informé qu'une calamité s'est attachée à moi depuis mon enfance; comment la spécifier sans offenser la délicatesse ? Pourtant il le faut.

Eh bien, mes épreuves tirent leur origine d'un appétit immodéré !... Les désirs de cet appétît n'embrassent point les richesses ni les vastes possessions, car, en ce cas, j'eusse pu trouver un remède dans les maximes des philosophes et des poëtes, dans ces *verba et voces* dont parle Horace :

Quibus hunc lenire dolorem
Possis, et magnam morbi deponere partem.

Cet appétit ne recherche pas davantage la gloire, la renommée, les applaudissements. Le même poëte nous dit qu'il est pour cette maladie un traitement spécial ; ce que Pope traduit ainsi :

« Certains vers satiriques, qui, appliqués vifs, guérissent le fat de son orgueil... »

Cet appétit n'est point davantage éveillé par ce que l'on nomme le plaisir. Les sévères et vertueuses leçons inculquées dès l'enfance à mon esprit par le meilleur des pères — un pieux ministre de l'Église d'Angleterre, aujourd'hui disparu du monde — me laissent tout repos de ce côté.

Hélas! monsieur, l'appétit dont je me plains n'est plus aucune de ces choses ; mon appétit est de l'espèce la plus matérielle et la moins métaphysique : c'est un appétit pour la nourriture.

*

Je n'ai pas gardé un souvenir bien fidèle des énormités commises par moi à cet égard pendant la période où l'arrow-root et la bouillie composaient ma subsistance. Seulement, je sais, pour me l'avoir entendu affirmer, que, la constitution de ma mère ne lui permettant pas de me conserver près d'elle et de me nourrir de son lait, la femme qui la remplaça avait coutume de faire à mes parents les demandes les plus extravagantes pour subvenir à ce qu'elle appelait mon excessif appétit. Ces demandes, mes parents, plutôt que d'ajouter foi à aucun récit défavorable fait sur mon compte, préféraient les attribuer à la cupidité bien connue et aux habitudes mercenaires de ces gens-là. L'aveuglement de mes auteurs persévéra, depuis le jour de mon retour au logis paternel, jusqu'au temps où il fut jugé convenable, en raison de mon âge plus avancé, de me mêler complétement avec d'autres garçons. Je fus, en conséquence, mis en pension.

Dès lors, la lugubre vérité devint trop manifeste pour qu'il fût possible de la déguiser. La gent curieuse dont se compose toute école eut bientôt découvert mes inclinations. Il ne fut plus permis d'en rejeter le blâme sur quelque autre personne. Désormais, plus de bonne complaisante qui assumât la responsabilité de mes larges méfaits à l'endroit du pain et du beurre, sans parler de la razzia opérée sur maints bouts de pudding et de la disparition mystérieuse de maint pâté froid. La vérité, dis-je, était, d'ailleurs, rendue trop évidente par mes propres regards et par les signes irrécusables d'inanition qu'exhibait mon être, même après les plus abondants repas et en dépit de la double ration que mon maître était secrètement autorisé à m'allouer par ordre de mon excellente famille. Cette propension à ridiculiser le monde, qui est déjà développée à un degré respectable chez les grandes personnes, se retrouve dix fois plus active chez les jeunes garçons. Une fois dévoilé, je fus en proie à tous leurs traits et devins le but invariable où tout niveleur, épris du calembour, dirigea à l'avenir la petite flèche de son mépris. Même les *Gradus* et *Thesaurus* furent saccagés pour fournir des armes contre moi à ces petits pédants. — *Ventri natus, ventri deditus, vesana gula, escarum gurges, dapibus indulgens, non dans frena gulæ, sectans lautæ fercula mensæ,* — telles étaient les agréables épithètes qui résonnaient à mon oreille, quelque part que j'allasse. Je menais une existence bien triste, souffrant la peine des criminels, et n'ayant commis d'autre crime que de suivre les lois imprescriptibles de la nature. Le souvenir des reproches dont mon enfance fut accablée poursuit souvent mes rêves. Les jours d'école reviennent à ma mémoire, et avec eux la douleur que j'avais coutume de ressentir quand, me retirant en un coin solitaire pour échapper à l'observation de mes féroces condisciples, je dévorais, assis, l'unique tranche de pain d'épices dont m'avait gratifié la bonté de quelque parent. Combien je souffrais de ce qu'il me fût impossible d'en réserver une part pour quelque camarade favori, ainsi que je le voyais faire aux autres. Je connais mon cœur ; jamais je ne fus égoïste. Jamais je ne posédai le moindre superflu sans m'empresser de le partager. Mais, hélas! ma nourriture n'était pas un superflu, c'était un indispensable nécessaire. Je n'eusse pas plus souffert à donner le sang de mes veines qu'à partager mes aliments avec un camarade.

*

Cependant, aucun état de souffrance n'est éternel, où, s'il en était quelqu'un de ce genre, je suppose que nous finirions par nous y accoutumer. Les misères de ma vie de pension eurent leur terme, et je fus de nouveau rendu aux murs paternels. L'affectueuse sollicitude de mes parents s'attacha à dissimuler, même à ma propre attention, l'infirmité dont j'étais affligé. On me disait sans cesse que je grandissais, et l'appétit par moi déployé me fut charitablement représenté comme un symptôme et un effet de ma croissance. On prit même l'habitude de m'en faire des compliments. Mais cette fiction ne put durer au delà d'un an ou deux... Je cessai de grandir, hélas! et ne cessai pas ma consommation prodigieuse.

*

Ces temps sont loin, et avec eux ont cessé

d'exister affectueuses dissimulations, indulgent aveuglement, délicates omissions et compatissants mensonges. Je reste avec mon infirmité, et tous deux nous sommes désormais exposés sans voile au vaste et fixe regard du monde, ouvert sur tout. Mes repas sont examinés, mes bouchées pesées dans une balance, et les exigences de mon estomac traitées de gloutonnerie, odieux péché que non-seulement mon esprit abhorre, mais que la nature m'a mis hors d'état de commettre ; ma constitution ne me permet pas ce vice, car comment celui-là peut-il être coupable d'excès, qui ne peut trouver le suffisant? Qu'ils mettent donc un terme à leur contrôle sur mes aliments, et à leurs déplaisantes comparaisons entre ma table et les sept paniers de l'Écriture, ou la coupe surnaturelle et toujours pleine de Baucis. Qu'ils se félicitent de ce que leur estomac plus paisible (et non leur vertu) les mette à l'abri de pareils blâmes. Je ne vois pas qu'aucun d'eux cesse de manger, jusqu'à ce que la sainte rage de la faim (comme on l'appelle) soit assouvie. Hélas! je suis condamné à ignorer ce repos.

*

Que faire? Je suis par nature enclin à la bonne humeur et aux repas en agréable société. Je ne suis pas gourmand, et les friandises n'ont jamais été mon fait ; je dédaignerais la table d'Héliogabale, n'était la longueur du temps qu'on y demeurait assis. Vraiment, je porte une légitime envie à ces longs et joyeux dîners des derniers Romains, et cependant je me tiendrais satisfait du menu dont se contentaient les Curius et les Dentatus. (J'ai oublié de dire plus haut, que parmi tant d'autres insipides qualificatifs, celui de *Dentatus* me fut aussi appliqué.) *Double-Dîner* est encore un des noms dont me gratifièrent mes connaissances, à cause d'un innocent stratagème que j'employai assez longtemps sans être deviné, le voici : Visitant à leur tour tous mes amis, à commencer par ceux qui, les plus fidèles aux coutumes antiques, dînaient à une heure, je me faisais annoncer successivement chez les autres suivant l'heure de leurs repas, jusqu'à ce que j'allasse trouver les plus distingués d'entre eux, vers six ou sept heures de l'après-midi, pour m'asseoir à leur table aristocratique. J'arrivais ainsi à absorber la quantité d'aliments qui m'est nécessaire, sans avoir cependant pris plus d'un seul dîner chez la même personne. Depuis que la ruse est connue, je tâche de prendre chez moi, avant de sortir, ce que j'appelle un étouffoir. Hélas ! les exigences de mon appétit croissent en raison de ce qui lui est offert. Ce qui m'a toujours particulièrement choqué à tous ces dîners, c'est l'usage insensé du fromage et des desserts présentés ensuite. J'ai, pour le premier, une antipathie raisonnée; quant aux fruits, je les ai en grand mépris, ainsi que ces vains légumes que l'on tâche inutilement de substituer à la viande, la viande, ce seul aliment légitime de l'homme, depuis le déluge, car c'est à cette époque que j'en fais remonter l'autorisation ou plutôt l'obligation donnée à Noé et à ses descendants. Le foin est pour les chevaux. Il me revient en mémoire un joli apologue que Mandeville cite à ce sujet dans sa fable des *Abeilles*.

★

Il met en scène un lion discutant avec un marchand, lequel marchand reproche au roi des forêts sa méthode quelque peu violente de se nourrir.

Le lion lui répond: « Je suis sauvage, il est vrai, mais aucune créature ne peut être appelée cruelle, que celle chez qui la malice ou l'insensibilité a éteint toute pitié naturelle. Le lion est né ignorant la compassion; nous suivons les instincts de notre nature. Les dieux nous ont destinés à vivre des dépouilles des autres animaux; mais aussi longtemps que nous en rencontrons de morts, nous ne faisons point la chasse aux vivants. L'homme, dont la nature est perverse, est le seul qui ait fait du carnage un plaisir. La nature a instruit votre estomac à ne désirer que les produits de la terre... (N'en déplaise au lion, s'il a dit cela pour l'humanité en général, il n'est pas dans le vrai; néanmoins, toutes ses paroles, jusqu'à cet endroit, sont très-sensées.) Votre grand amour du changement, et votre empressement à accueillir toute nouveauté, vous ont amené à détruire les animaux, sans justice et sans nécessité. Le lion possède un feu intérieur qui suffit à consumer les peaux les plus rudes, les os les plus durs et la chair de tous les êtres sans exception. Mais vos estomacs délicats, chez qui la chaleur digestive est faible et limitée, ne peuvent aller jusqu'à recevoir la plus tendre partie d'aucune chair, si la moitié de la concoction n'en est opérée auparavant par le moyen d'un feu artificiel; et cependant quel animal n'avez-vous pas sacrifié aux caprices de votre languissant appétit? J'ai dit languissant, car qu'est-ce que la faim de l'homme comparée à celle du lion? Votre faim, arrivée à son pire degré, vous fait tomber de faiblesse, la mienne me rend fou. Que de fois ai-je essayé d'en adoucir la férocité au moyen de racines et d'herbes! mais ce fut en vain! et elle ne peut être satisfaite que par une grande quantité de chair. »

Tout en admettant que le lion n'ait pas eu un instinct divinatoire suffisant pour faire la part de la nature dans l'appétit humain, il nous faut reconnaître cependant qu'il avait raison ; et le marchand fut tellement frappé de son argumentation, qu'à ce que l'on nous dit, il ne répondit rien et disparut. Pourquoi me faut-il ajouter que le superbe animal qui raisonne si bien est mon image? Homme misérable! je suis ce lion! (Que de fois ai-je essayé d'en adoucir la férocité, mais ce fut en vain, et elle ne peut être satisfaite que par..., etc.)

*

On a quelquefois essayé de rapporter à ma situation ces récits que les directeurs de journaux mettent dans leurs inhumaines colonnes, chaque fois que les nouvelles leur manquent. Ce sont des histoires de mangeurs fabuleux, qui dévorent des oies entières et des gigots, à la suite d'un pari. Cette confusion volontaire des motifs et des circonstances (qui font toute la différence des actions morales d'avec les immorales) convient bien à la nature du talent dont plusieurs personnes de ma connaissance s'enorgueillissent.

Un pari! grâce au ciel, jamais je ne fus mercenaire, ni n'aurais consenti à prostituer un don de la nature (don lugubre, il est vrai) pour accroître mon bien, d'autant que les nécessités de mon funeste état auraient exposé cette prostitution aux regards d'un monde indélicat.

*

Laissez-moi plutôt vous dire, à l'éloge de ce talent qui me fut octroyé, qu'il m'a fait sacrifier de brillantes espérances que j'avais du côté d'une vieille dame, proche alliée de notre famille, et dont j'avais le bonheur d'être le favori jusqu'à la fatale soirée que je vais vous raconter. Monsieur l'éditeur, s'il vous est jamais arrivé de passer quelque temps en une ville de province, vous avez dû être témoin du genre de souper que les vieilles dames de céans ont l'habitude de disposer *in petto* dans un salon voisin de celui où se trouvent réunis quelques contemporains de la maîtresse de la maison, périodiquement conviés aux douceurs du jeu de cartes et du gâteau. La nappe est généralement posée sur la table, une demi-heure avant la partie finale ; dès lors, les invités se préparent à souper, avec ce que l'on pourrait appeler *rien du tout*. Une tranche de jambon, rendue à dessein transparente, afin de ne pas dissimuler la porcelaine de Chine où elle s'étale, avoisine une invisible ration de porc, laquelle ration aboutit à quelque chose décoré du nom de tarte et renforcé d'un atome de confiture, lequel atome est à son tour flanqué d'un autre atome de bœuf conservé, et cela sans parler d'une grande quantité de bruyères semées autour des plats (ô dérision de l'hospitalité!) comme un défi à la nature humaine, ou du moins comme une preuve que ses besoins sont outrageusement ignorés. Il m'arriva d'être prié une fois à l'une de ces soirées de cartes, et je dus quitter la réunion quelque temps avant le souper (c'est ainsi qu'ils nomment fastueusement le moment de la soirée où ils prennent ce repas imaginaire). Or, la vieille dame dont j'ai parlé, laissant éclater quelque terreur à travers le sourire de sa courtoise réception, me pria de passer dans la salle voisine pour y prendre quelque précautions contre le froid extérieur. Il n'entrait pas dans mon caractère de refuser une telle proposition. Indigné à la vue de ce tableau aérien, je m'assis et j'eus dépêché en un instant le repas destiné à onze personnes. Poissons, viandes, volailles, pâtisseries, tout y passa, tout, jusqu'au dernier bouquet de persil qui garnissait les plats, tout, jusqu'au dernier flan timide qui tremblait sur le bord. Je renonce à décrire la consternation des douairières au sortir de leur partie. « Qu'est devenu le souper? » Réponse de la domestique : « M. B... l'a mangé. »

Cependant, cette équipée réussit à me dépouiller de trois cents bonnes livres de rente, dont il m'a été assuré que la vieille lady voulait me faire hériter. J'ai cité ce fait, non comme une preuve de la malheureuse faculté dont je suis doué, car le premier écolier venu, muni d'un appétit ordinaire, en eût pu faire autant sans le moindre inconvénient, mais afin que vous puissiez juger ensuite s'il est admissible que je sois homme à faire argent de mon talent, ou à recourir au pitoyable stimulant d'un pari.

★

J'ai lu dans Pline ou quelque autre auteur du même genre, qu'il existe en Afrique un reptile dont le venin est dévorant et destructif au point, que, quelque part que ce reptile pose la dent, toute la substance de sa victime est calcinée en quelques secondes, puis tombe en poussière et disparaît complétement. Ce reptile a reçu, à cause de sa propriété particulière, le nom d'annihilateur. Pourquoi suis-je amené à chercher parmi les phénomènes les plus prodigieux de l'histoire naturelle quelque chose qui me ressemble? Je suis ce serpent, je suis cet annihilateur, et, quelque part que je pose la dent, ma victime est en quelques secondes... hélas!

*

O bienheureux malades, qui gémissez de manquer de cette même chose dont l'excès fait mon tourment... O trop fortunés invalides, si vous connaissiez votre félicité ! Que ne donnerais-je pas pour changer cette ardeur digestive et cette rage qui me torture, contre votre estomac d'anachorète, si tranquille, si mortifié, si soumis, si sanctifié, contre vos inclinations modérées et chastes, contre vos paisibles désirs de nourriture !

*

A quelle malheureuse distribution de mon intérieur suis-je redevable de ces besoins immodérés ? Je laisse aux médecins et aux anatomistes le soin de décider ; sans doute, ils ont, comme le reste du monde, l'œil sur moi ; et de même que je fus coupé vivant par les sarcasmes de mes amis, je frémis à l'idée probable que mon corps, après que ses infatigables appétits auront pour toujours cessé leurs importunités, sera peut-être coupé aussi (affreuse pensée !) afin qu'on puisse déterminer à quel système de solides ou de fluides il faut reporter ce vice originel de mon tempérament.

Quel abus il sera fait alors d'acides, d'alcalis, de sérum, de coagulum, d'effervescences, de matières visqueuses, de bile, de chyle, de jus âcres, pour expliquer une chose dont la nature, en m'infligeant l'effet pour punir mes péchés, se réserve peut-être de leur cacher la cause, pour punir leur présomption !

*

Peut-être vous demandez-vous dans quel but j'en appelle à vous et ce que vous pouvez faire pour moi. Hélas ! je sais trop bien que mon état ne peut s'améliorer par aucun avis, ni aucune consolation. Mais c'est un soulagement pour le cœur blessé de raconter sa misère, et les personnes de ma connaissance qui liront dans votre recueil mon histoire signée d'un nom emprunté, en seront peut-être amenées à me considérer d'une façon plus humaine que je n'eusse pu l'obtenir d'elles sous mon propre nom. Faites-leur voir, s'il est possible, qu'une singularité naturelle de la constitution n'est pas un crime, que ce n'est pas ce qui entre dans la bouche qui souille l'homme, mais ce qui en sort... (ainsi les sarcasmes, plaisanteries amères, moqueries, insultes, remarques méchantes). Enfin, amenez leur attention sur ce point, que, s'il existe, comme on nous l'affirme, de pieuses trahisons et d'innocents adultères, rien ne s'oppose à ce qu'il y ait aussi une sorte de gourmandise non coupable.

Traduit par Louis Dépret.

L'ÉTUVÉE

Fi de la matelote!... honneur à l'étuvée!
Je vais la chanter dans mes vers.
Je les dédie à vous, qui l'avez conservée,
Braves mariniers de Nevers.

Puisqu'on écrit encor, dans le siècle où nous sommes,
Sur l'art de nous faire mourir,
Je crois qu'il est très-bon de révéler aux hommes
Les secrets de se bien nourrir.

Déjà, petit garçon, j'aimais les cuisinières.
L'utile, pour moi, c'est le beau.
Approchez, cordons bleus, alertes ménagères ;
Venez entourer mon fourneau.

Vous avez, je suppose, une carpe dorée,
Une tanche aux beaux reflets verts,
Une anguille d'eau vive à la robe cendrée ;
Trois beaux poissons de goûts divers.

Écaillez et videz, ménagez la laitance,
Coupez le reste par tronçons.
Vous avez sous la main, j'en suis certain d'avance,
Le plus brillant de vos chaudrons.

Mettez-y vos poissons, sel, poivre, ail une gousse,
Avec un sentiment profond,
Baignez le tout de vin, pas de celui qui mousse ;
Du rouge, mais surtout du bon.

Suspendez le chaudron au moyen de chaînettes,
Ou bien sur un trépied de fer ;
Préparez du bois sec comme des allumettes,
Faites dessous un feu d'enfer.

Entretenez ce feu comme une autre vestale ;
Sans quoi, le tout serait perdu.
Chauffez, chauffez toujours... Ah ! l'on sonne à la salle.
Madame attendra... c'est connu.

Partout la flamme mord et vient baiser, la folle,
Le vase en ébullition !

Voyez-vous au-dessus cette rouge auréole,
Comme du cuivre en fusion.

L'esprit s'est dégagé, vite saisissons l'heure,
Procédons aux derniers apprêts.
Doucement... du sang-froid... Allons, mettez le beurre
Un bon morceau, surtout très-frais.

Dix minutes encor, votre sauce se lie;
Chauffez un peu, mais à feu lent.
Posez votre chaudron sur la cendre rougie,
Recouvrez-le d'un torchon blanc.

On a sonné! portez à madame qui boude
L'étuvée : on n'est pas content,
Mais l'on va se lécher les doigts jusques au coude;
Alors, vous aurez du talent.

—

A bord d'un bateau plat, en descendant la Loire,
Un jour d'été, sous le ciel bleu,
Un maître marinier, aimant très-fort à boire,
Me fit flamber sur un clair feu.

CHARLES JOBEY.

PUCHERO ESPAGNOL

Décidément, j'accuse les savants de s'être trompés : c'est bien sûr pour cet été, un jour quelconque, à une heure encore inconnue, que doit paraître la comète, car la chaleur insolite qui *subito* est arrivée, justifie assez ces prévisions. Or, donc, s'il faut passer de vie à trépas, en forme de rôti au soleil, tâchons d'être un rôti gras, dodu, afin d'être mangé par quelque divinité de l'autre monde, ce qui me semblerait moins désagréable que d'être avalé par quelque roturier de l'empire de Satan.

Mais, à propos de quoi, je vous le demande, vais-je vous parler de sciences, de ciel et d'enfer ? Ma foi, à propos d'un pot-au-feu, oui ! d'un vrai pot-au-feu, et j'entre en matière.

Il y a six ans, j'étais à Madrid en plein été, et, dans cette belle Espagne, on jouit pendant trois mois d'une température de quarante degrés dans les appartements ; jugez de ce qu'est le soleil en pleine rue.

La cuisinière espagnole, chaque jour, invariablement, me servait un puchero, mets national, fort bon, ma foi, et surtout fort restaurant ; quand je l'avais avalé, c'est le mot, j'éprouvais, au bout d'un moment, un sentiment de bien-être, une sensation interne de rafraîchissement; je viens donc vous communiquer la recette du puchero.

Choisissez une bonne marmite en terre bien vernie (ayant déjà servi); placez-la dans les cendres, enterrée aux deux tiers.

Faites bouillir quatre litres d'eau à petit feu.

Commencez par mettre deux livres de bœuf, écumez-le pendant une heure.

Puis ajoutez une bonne poignée de garbanzos (pois chiches, pois sésés); il faut avoir soin de les mettre tremper dès la veille, dans de l'eau pure, afin qu'ils se gonflent bien.

Deux heures après, ajoutez encore une demi-livre de petit salé, une garniture de carotte, un poireau, un bouquet de persil et cerfeuil, et une gousse d'ail.

Puis enfin, trois quarts d'heure avant de servir, mettez une tranche de jambon de trois quarts, un morceau de courge jaune comme de l'or, qui, en cuisant, devient transparente comme de l'ambre.

Poivrez bien le tout; préparez un assez grand nombre de fines rôties sur lesquelles vous versez le bouillon au travers d'une passette; laissez le pain se gonfler cinq minutes.

Sur un plat creux, arrangez avec symétrie vos légumes, placez le bœuf dans le fond, puis le petit salé, et le jambon avec une couronne de courge.

Mangez ce pêle-mêle (puchero) avec sécurité et arrosez-le avec du bon vin.

Ceux qui auraient de la difficulté à se procurer des garbanzos. peuvent les remplacer par des pois frais ou secs, suivant la saison. *Y vamos à comerlo.*

Vicomte Louis de Dax.

UNE SURPRISE BORDELAISE

Avec ces trois petits mots, je vais éveiller plus d'une charmante petite curiosité, je vais faire sourire plus d'une jolie bouche, qui ensuite, toute affriandée, voudra me manger, c'est-à-dire manger ma surprise. Or donc, lecteurs et lectrices, voici l'histoire :

Je vous écris, aujourd'hui, grave et sérieux d'âge et de raison ; mais, ne vous en déplaise, j'ai été jeune, et fort jeune pendant longtemps ; il m'arrivait, chaque année, mille aventures plus gaies, plus folles les unes que les autres : et, en me rendant aux eaux de droite et de gauche, je braconnais dans les champs de la gaieté et de l'amour; ne vous effarouchez pas, car, à ce mot si doux, se lie le souvenir d'un plat parfumé que je vous offre.

J'étais parti il y a douze ans pour les Pyrénées, et, voulant serrer la main d'un ami qui séjournait à Bordeaux, je m'arrêtai quelques jours dans cette ville. Après avoir passé une bonne soirée chez M. C***, je le quittais pour retourner à l'hôtel de France, lorsque je fus ébloui, c'est le mot, par deux yeux brillants dans l'ombre, par un minois coquet, éveillé, enfin séduit par une de ces ravissantes brunes que Bordeaux possède seul, dont il s'honore ; et, par ma foi, il a bien raison.

Je vous ferai grâce de mes marches et contremarches, qu'il vous suffise de savoir que, le lendemain, je commandai un déjeuner pour deux, et le recommandai aux soins du maître, pour être plus sûr d'être bien servi. En effet, le cabinet, demi-obscur, était frais et élégant ; sur la table, deux couverts côte à côte indiquaient que l'amour, aidé par l'appétit, brillerait, triompherait. Une carte du menu me fut remise, et je restai ébahi devant elle, au troisième mets intitulé : « Une surprise ! »

Était-ce une attrape ? allais-je être mystifié ? J'attendais avec impatience, lorsque je vis arriver sur un plat long deux fines feuilles de papier transparent, doré, embaumant. Le garçon lui fit les honneurs du milieu de la table, annonçant à haute voix : « Une surprise ! » puis se retira discrètement; je restai fourchette en main, regardant tour à tour la brunette et mon plat, lorsque, plus impatiente ou plus curieuse, elle saisit un des bouts du papier avec son doigt mince et le déchira rapidement, riant aux éclats en voyant le contenu. De blancs filets de volaille se dorlotaient sur un lit de petites truffes rondes et noires, frétillant dans du beurre frais mêlé à un fin hachis de cèpes et d'herbes odorantes.

Un instant nous suffit pour trouver que la surprise méritait les honneurs immédiats d'une seconde édition. Goûtez-la, et je suis sûr que vous ferez de même, surtout si vous savez savourer une bouteille de château-margaux ou de château-yquem des bonnes années.

Vicomte Louis de Dax.

LES BOUDINS

I

Mon ami, le peintre Gautier, comme un petit bon Dieu, a tiré l'autre jour de ses poches, qui m'avaient toujours semblé toutes petites, deux grands boudins, l'un blanc, l'autre noir, et me les a donnés.

II

Je ne savais vraiment quel était le meilleur du peintre Gautier ou des boudins ; mais, lorsque j'eus étendu sur un gril ces deux bâtons de fine graisse qui eussent fait envie à Polichinelle, je me suis dit : « Non, jamais le peintre Gautier, cuit sur le gril, ne sentirait si bon et ne serait si agréable à manger que le boudin noir ou le boudin blanc. »

III

La mort du cochon ne m'émeut plus, et je trouve qu'on le tue justement, maintenant que je sais le charme des boudins. Mes amis partagent mon opinion, et je les ai vus terriblement renifler à l'odeur de ma cuisine.

IV

Gustave, qui envoie les boudins au peintre Gautier, est un homme intelligent, et le peintre Gautier, qui me les apporte, en est un autre.

Malgré un peu de mélancolie où m'ont jeté ces délicieux bâtons de graisse et de sang, car ils m'ont rappelé mon pays, où les cochons songent au soleil dans le fumier, presque comme des poëtes; malgré cela, je souhaite que la Providence m'envoie chaque jour un boudin ou quelque autre chose à frire.

E. Duranty.

NOTE SUR LA CUISSON DES BOUDINS DONT IL EST QUESTION CI-DESSUS

Ces boudins viennent de Lille. Les blancs se composent d'une sorte de crème de volailles, enveloppée dans trois tuniques grasses roulées avec soin. Ce manger m'a paru très-fin au goût et en même temps fort agréable à la vue, ainsi que réellement amusant pour la fourchette.

Les noirs pourraient être introduits sur les tables parisiennes comme *entremets sucrés*, bourrés qu'ils sont de raisins et autres fruits, et jetteraient quelque variété dans ce service intéressant.

La cuisson des boudins offre un beau spectacle, soit qu'on les mette sur le gril, coupés en tronçons ou tout entiers; la graisse s'échappe bientôt et s'enflamme en larges bandes avec une vive couleur sur un fond de fumée assez noire. (Le peintre Gautier en a été assez frappé pour y puiser le sujet d'un tableau.) E. D.

LES RESTAURATEURS

Si, pour sauver la famille, il n'y avait eu que les lois, les habitudes religieuses et les efforts des gens de bien, la famille aurait succombé infailliblement après des païens comme Gœthe, après l'invasion du matérialisme dans tous les arts, et après les fortunes bizarres de quelques demoiselles qui jouent la comédie et possèdent des maisons de campagne, quand elles devraient ramasser des tronçons de verre le long de la Bièvre, et arpenter le quartier Mouffetard avec une hotte sur le dos et un mouchoir de coton sur la tète. Par bonheur, la Providence, dont l'imagination est inépuisable, et qui ne se laisse jamais prendre sans vert, a trouvé un moyen de conjurer ces maux suspendus sur nos têtes : elle a inventé le restaurateur.

Invention sublime ! car, fût-il au moment de s'enrôler parmi les mormons polygames, eût-il le libertinage enraciné dans le cœur, comme l'avait le baron Hulot, et adorât-il la cigarette avec l'entêtement d'un poëte, tout homme qui aura mangé pendant six mois au restaurant se mariera pour n'y plus manger. Il se mariera avec une quakeresse ou avec la fille de sa portière, mais il se mariera. Bien plus, il pressera les lenteurs de M. le maire avec une insistance égale à celle de ce personnage de Petrus Borel qui allait dire au bourreau : « Monsieur, je désirerais que vous me guillotinassiez ! » Acajou, cuivre estampé, pendules Richoud représentant des pagodes ornées de clochettes, cris d'enfants, piano, garde nationale, tout cela lui semblera doux, facile et charmant à accepter, en comparaison de cet enfer auquel il échappe : le dîner du restaurateur ! Que sa femme prenne du tabac ou qu'elle écrive des poésies lyriques, qu'elle ait des difformités évidentes ou des amies de pension, qu'elle soit sotte, acharnée, avare, maigre, ce qui est bien pis, ou chauve, le plus impardonnable des vices chez une femme, notre homme se consolera en disant tout bas : « Je ne dîne pas chez le restaurateur ! » Même après avoir avalé son café chaud et parfumé, sucré à point, il étendra vers les tisons du foyer ses pieds chaussés de bonnes et atroces pantoufles, il croisera sur sa poitrine sa vaste robe de chambre en molleton gris, se prélassant dans un fauteuil capitonné par un tapissier sérieux, et, exalté par cette minute de joie extatique, il baisera avec transport son anneau de mariage, ce signe indélébile de son affranchissement, cet arc d'alliance qui constate à jamais son droit de ne pas aller dîner chez le restaurateur.

Comme tous les fléaux des hommes suscités par la main de Dieu, le restaurateur est une machine d'une puissance extraordinaire, organisée dans les proportions les plus gigantesques. Ainsi, parmi les richesses variées de sa nature, ce mammifère a reçu un don que son excessif développement et sa persistance assimilent au génie : c'est le don de la *scie*, que le restaurateur possède à un degré hyperphysique. Un véritable restaurateur doit vous faire passer en cinq minutes par toutes les phases de l'impatience et vous amener *crescendo*, jusqu'au désespoir aigu, à travers les fanfares d'une symphonie de *scie* magnifiquement orchestrée qui fera grincer à la fois toute votre âme.

Tout ce que le restaurateur a de vraiment admirable, c'est qu'en combinant ses supplices, il a songé à tous les sens pour les blesser tous, et, croyez-le bien, il n'a pas oublié celui de la vue, par lequel vivent plus d'à moitié les artistes. Les peintures sur verre, destinées à rappeler les salles de Pompéi, figures drapées sur un fond noir, thyrses, loups, guirlandes, amours et satyres en camaïeu, toute cette horrible friperie, découpée en petits carrés et exécutée par le vitrier du coin, ne se trouve plus que chez les restaurateurs ; car, excepté les malheureux qu'ils hébergent, qui consentirait, n'étant pas comédien, à vivre dans ces pitoyables décors de tragédie ? D'autres restaurateurs font *stuquer* des longueurs incommensurables de murailles nues, que *relèvent* seulement des baguettes dorées, des glaces de Saint-Gobain et des patères destinées à accrocher les chapeaux. Ces vastes plaines de stuc artificiel, immenses comme le désert et comme l'infini, froides et blanches comme des Sibéries inhabitées, steppes où il manque seulement les cadavres et les corbeaux, poussent, bon an mal an, au suicide, un nombre considérable de rêveurs qui ne seront jamais pleurés, car la véritable cause de leur mort reste inconnue. D'autres encore sont plus francs et arborent avec franchise les indécences du papier velouté à arabesques d'or, le déshonneur du XIXe siècle. Je ne parle pas des accessoires. On connaît ces consoles en acajou violet, ces pendules sous cylindre, dorées à la mixture, qui ont épuisé tous les chevaliers, toutes les Ferronnière, toutes les La Vallière, et les célèbres candélabres à cannelures ! Je viens aux *scies* véritables, à celles que le restaurateur exécute à l'aide de questions, car c'est là surtout que sa persécution éclate sans voiles !

Le restaurateur a un système, système raisonné, médité, absolu et qui ne souffre pas d'exceptions. Il consiste à ne jamais vous donner ce que vous voulez et à vous offrir toujours ce que vous ne voulez pas.

Vous êtes pressé, vous entrez au cabaret et vous vous installez rapidement en homme qui ne veut pas perdre une minute. Vous criez au garçon :

— Un potage !

Le garçon vous regarde d'un air narquois, s'approche d'une petite table placée près du comptoir, y prend des radis et une rondelle de beurre ornée d'un bas-relief, les pose devant vous, et vous dit alors d'un ton empressé :

— Monsieur veut-il des huîtres ? Marennes? Ostende? Une douzaine ordinaire ?

— Non, un potage.

— Bien. Quel potage désire monsieur ?

Le garçon s'en va.

Vous le rappelez et vous demandez avec impatience :

— Garçon, un consommé !

— Alors, répond cette fois le garçon, monsieur ne veut pas d'huîtres ?

— Non.

— Ce n'est pas monsieur qui a demandé une douzaine d'Ostende ?

— Non.

— Ah ! s'écrie le garçon en montrant quelqu'un, je me rappelle : c'est monsieur.

Et il va vous échapper une seconde fois. Vous comprenez qu'il s'agit d'un *chantage* et vous acceptez les huîtres pour avoir ensuite le droit d'avaler une cuillerée de potage. Mais ceci n'est rien.

Il n'est pas de cabaret où il ne se confectionne chaque jour ce que le restaurateur appelle dans son argot un *plat du jour*, c'est-à-dire un plat humain, possible, semblable à la nourriture que les hommes mariés trouvent chez eux ; un plat, enfin, que l'on peut manger sans en mourir. Quelle que soit la perversité de ces négociants, il n'est pas non plus de jour où ils ne fassent rôtir à la broche au moins un morceau de veau ou un gigot de mouton. Eh bien, tout l'effort du malheureux hôte se dépense à obtenir une portion de ce plat ou une tranche de ce gigot rôti ; tout l'effort du restaurateur se dépense à les refuser; car, si un simple consommateur pouvait obtenir quelques bouchées de cette nourriture saine, il serait aussi heureux que le restaurateur lui-même, et c'est ce qu'il est impossible d'admettre.

Les galériens de la poésie, de l'art, de la finance, de l'économie politique, rivés, par la nature de leurs occupations, à la vie parisienne, n'ont qu'un rêve : manger autre chose que cette éternelle côtelette de mouton et cet éternel bifteck pas cuits, auxquels les condamne la cruauté du restaurateur parisien. Mais le restaurateur a fixé là la limite où devaient s'arrêter leurs prétentions. Essayez plutôt. Vous dites timidement :

— Voyons, garçon, avez-vous aujourd'hui un plat du jour ?

— Oui, monsieur, tout ce qu'il vous plaira, biftecks, côtelettes, tête de veau.

— Ah !... et un rôti. Voyons, franchement, avez-vous un rôti à la broche ?

— Tout ce qu'il plaira à monsieur.

— Mais je ne vous parle pas d'une tranche de viande *pas cuite* au four hier matin, et réchauffée ce soir dans la casserole. Je voudrais du rôti réel.

— Monsieur n'a qu'à voir la carte. Lisez la carte.

Autant vaudrait dire : *Lisez* L'ÉPOQUE !...

Le garçon ajoute :

— Monsieur voudrait-il un bon filet sauté au madère ?

Cette dernière proposition est la plus cruellement lâche des noirceurs auxquelles puisse se livrer contre vous un garçon de restaurant. A prix de millions, M. de Rothschild ne trouverait pas dans tout Paris une bouteille de madère authentique, pour la faire boire à des convives princiers; on pense bien que les cabaretiers n'en font pas des sauces. Mais voici l'explication de ce mystère : le fond de leur cuisine consiste dans une sauce brune, liée avec de la farine qui, si l'on en juge par sa saveur exécrable, doit réunir les ingrédients les plus dangereux et les plus redoutables poisons. Tout le monde a peur de cette sauce brune, mais le restaurateur n'épargne ni intrigues, ni prières, ni violences pour vous la faire manger. Filet aux olives : sauce brune. Rôti : viande réchauffée dans la sauce brune. Légumes au jus : légumes à la sauce brune. Coulis : sauce brune. Gelée : sauce brune froide.

Les garçons de restaurant ne consentent à vous

donner qu'un seul poisson. C'est le turbot. Si vous en demandez un autre, on vous offre tant de fois du turbot *sauce hollandaise*, qu'il faudra bien que vous acceptiez.

Un des plus fiers, des plus spirituels, des plus hardis *blagueurs* parisiens, avait entrepris une croisade pour affranchir les nègres blancs de la traite faite par les restaurateurs ; il a été honteusement vaincu.

Au moment où il demandait son potage, et où le garçon lui disait pour la première fois :

— Monsieur ne veut pas d'huîtres ?

X... prenait son chapeau et s'en allait. Mais ce système n'aboutit qu'à ne pas dîner, car partout on lui offrait des huîtres. X... s'avisa alors d'un autre expédient. Il répondait aux questions du garçon par d'autres questions, si bien que la conversation prenait à peu près le tour suivant.

— Garçon, un rosbif !

— Monsieur ne veut pas commencer par un turbot ?

— De quel pays êtes-vous?... Avez-vous des sœurs ?

— Je demandais à monsieur s'il ne voulait pas commencer par un poisson ?

— Avez-vous tiré à la conscription ? Je vous ai commandé un rosbif !

Mais X... s'est lassé avant les persécuteurs. Il

a fallu qu'il mît les pouces, et maintenant, quand le garçon lui fait la question sacramentelle :

— Monsieur veut-il commencer par un turbot ?

C'est avec un regard qui veut dire :

— Crétin de payant, misérable bourgeois, tu vois bien que je t'ai dompté, et tu mangeras des huîtres, du turbot, des côtelettes, du bifteck et de la sauce brune, tant que cela me fera plaisir! car tu n'es qu'un misérable esclave, et, moi, je suis ton maître, moi, la spéculation, le négoce, le revendeur, le... restaurateur !

Théodore de Banville.

UN DINER CHEZ ROSSINI

A CHARLES MONSELET

Cher confrère et ami,

Vous fondez, à votre insu, la plus phénoménale des académies, une académie utile. Vous auriez été nommé archonte à Syracuse, en 212 avant Jésus-Christ, lorsque, à la venue de Marcellus, florissait en Sicile ce bon tyran qui proposait un prix au penseur culinaire, chargé de remplacer sur les tables l'insipide brouet noir. Lucullus vous aurait nommé son architriclin honoraire, après sa victoire sur Tigrane, mémorable journée qui donna aux tables les cerises et les abricots. Vous auriez été l'ami de ce Tillius dont parle Horace, ce fameux gourmet qui, déposant sa gravité de préteur, marchait toujours, escorté par cinq esclaves portant un attirail de cuisine et un tonneau de vin : *Quinque pueri portantes œnophorum ;* enfin, dans un autre ordre d'antiquité, vous auriez occupé une estrade d'honneur, avec siége de satrape, aux festins d'Antiochus et de Balthazar. Bien venus sont ceux qui, comme vous, savent honorer le sensualisme, en honorant l'esprit, et préparer, avec un soin égal, la double nourriture de l'âme et du corps.

L'autre soir, en ramassant les miettes tombées de la table d'un grand homme, je songeais à vous et à tout le bien que votre utile et charmante publication peut opérer dans l'économie humaine, en améliorant et en inventant après la Cuisinière bourgeoise, le poëte Berchoux et le gras Carême. On a découvert, depuis peu, une trentaine de planètes nouvelles : les astronomes sont plus heureux que les gastronomes, trente plats nouveaux découverts par les Leverrier de la cuisine auraient rendu de bien plus grands services à l'humanité. Je crois donc avoir vu surgir un mets nouveau sur l'horizon d'une nappe, et je le signale à l'observatoire de *la Cuisinière poétique*.

Le mois dernier encore, je croyais connaître toutes les espèces de *macaroni ;* quelle erreur! J'avais vu le macaroni pâle, fait de beurre et de gruyère, et pompeusement servi à la fin des repas, pour graisser le rouage de l'appétit ; j'avais côtoyé le macaroni du *facchino*, assez semblable à ce serpent *ananta*, dont parlent les Indiens, un reptile aux méandres infinis ; j'avais mangé le macaroni de la reine de Naples, au palais *Griffoni*, un plat exquis, où les couches de la pâte italienne, humectées par un coulis savant, s'alternent avec le fromage de Parme, et se rissolent à leur sommet, comme les crèmes roussies au tison ; je croyais donc avoir pris tous mes grades en macaroni, et j'aurais étourdiment accepté une chaire de ce plat à la Sorbonne de la cuisine ; l'orgueil humain n'a pas de bornes! J'appris que je ne savais rien, en dînant comme comparse à la table du divin créateur de *Moïse* et de *Guillaume Tell*. Là, un macaroni mélodieux, roux comme l'or, parfumé comme l'Orient, fluide comme l'ambroisie de l'Olympe, un macaroni de rayons solaires potables, éclata, au début du dîner, comme l'ouverture de *Sémiramis*. Il fallait voir l'enthousiasme des convives ! Il était muet, mais que d'expression dans ce silence !

Notre merveilleux Vivier, l'inventeur du cor, avait cessé d'avoir de l'esprit ; et Caraffa, le célèbre auteur du chef-d'œuvre de *Masaniello*, le mélodieux enfant de Naples, croyait assister à la naissance du macaroni, et reniait les anciens dieux de *Largo di Castello*, de *San-Gennaro* et de *Villa Barbaïa.*

— *Quel est donc ce mystère?* murmurait dans son coin un librettiste, avec l'espoir de provoquer une musique d'explication sur les arcanes culinaires de ce plat ; mais le roi des maîtres, *olli subridens*, comme Jupiter olympien, gardait son secret ; on aurait cru voir le sphinx colossal, placé devant les deux nouvelles pyramides qu'on nomme *Moïse* et *Sémiramis*, bien plus hautes que *Cheops* et *Chephren*. Ce macaroni a été tiré du néant comme la prière à Bélus, *Gran nume;* tout cela sort de la même origine. Inclinons-nous et savourons.

Mon cher Monselet, fondateur de l'Académie utile, vous avez un grand devoir à remplir; instituez un prix, non pas un de ces prix qui font commettre la vertu avec préméditation, et l'estiment mille écus, mais un prix qui tentera un alchimiste culinaire, et le forcera probablement à trouver la contrefaçon de ce macaroni mystérieux dont le secret nous est obstinément caché, comme celui de la grande mélodie. Je prévois l'objection; elle est grave : vous avez tant de savoir et d'esprit, qu'il est impossible que vous possédiez mille écus. Eh bien, proposez un prix d'honneur ; c'est une monnaie beaucoup plus rare aujourd'hui, mais qui abonde souvent dans les cassettes vides. Puisque vous êtes en fonds de ce côté, suivez mon conseil; promettez la gloire de la table, et l'inscription sur une page de *la Cuisinière poétique*, l'alchimiste se présentera; pour ma part, je lui promets un quatrain d'honneur.

Votre confrère et ami,

MÉRY.

L'AMOUR A TABLE

I

Je ne sais, ami lecteur, ce que la vieillesse me réserve et si je demanderai un jour aux savantes combinaisons de la table et de l'apprêt recherché de la nourriture les dernières et paisibles récréations de ma vie. Mais, il faut bien l'avouer, je ne suis pas, pour le moment, un enthousiaste de la cuisine. Est-ce un sens qui me manque? serais-je vraiment un être incomplet, borné? Laissez-moi croire plutôt que c'est un excès d'appétit qui m'empèche de soulever l'épais rideau du sanctuaire.

Les plaisirs de la table ont, jusqu'à présent, laissé mes sens si tranquilles, que les seuls repas de ma vie qui soient restés bien vivants dans ma mémoire se mêlent à des souvenirs d'amour.

Tels que je me les rappelle, les voici :

II

C'était dans un appartement de garçon, une chambre tapissée de bleu. Aux fenêtres, des rideaux bleus. Sur le parquet, un tapis bleu. Et partout des trophées, des statuettes élégamment campées, de longues pipes turques accrochées à la muraille.

Ce matin-là, Hélène était venue, toute tremblante d'être surprise et aussi tout heureuse de son audace. Après m'avoir sauté au cou, elle me dit, en tirant sa montre :

— J'ai jusqu'à midi et demi.

Moi qui mourais de faim, je ne trouvai rien de mieux à lui répondre que cette phrase doublement ingénieuse :

— Tu vas déjeuner avec moi !

Hélène prit un petit air boudeur.

— Comment ! monsieur? Il s'agit bien de déjeuner! Je n'ai pas faim, entendez-vous? Voilà, sur ma foi, un amoureux bien poétique!

— Ma chère amie, l'amour malheureux peut seul fermer l'appétit. Si tu veux que je ne mange pas, fais-moi souffrir! D'ailleurs, tu prends fort mal les choses. Ne te semblera-t-il pas, en te trouvant à table avec moi, que nous soyons en ménage? Cette intimité a quelque chose de gracieux qui me séduit...

— Vous dites cela parce que vous avez faim.

— Eh bien, oui, Hélène, j'ai faim ! Que veux-tu y faire?

— Fais apporter à déjeuner, anthropophage!

Je ne me le fis pas dire deux fois. Je courus jusqu'au restaurant voisin, un bon endroit, je vous assure! et, quelques minutes après, Hélène et moi, nous faisions honneur à ce repas où l'amour présidait.

Deux douzaines d'huîtres (six pour Hélène et dix-huit pour moi), des côtelettes Soubise, des petits pois (en février !), un perdreau truffé, une crème au café et une multitude de petits gâteaux; le tout arrosé d'une bouteille de haut-brion et d'un champagne Moët.

Est-ce bien? est-ce mal? Je m'en lave les mains, n'ayant écouté que mon cœur.

Depuis trois mois que j'aimais Hélène, je la voyais manger pour la première fois. Elle s'en acquitta gentiment, elle eut des mots heureux. Elle s'étonna seulement que j'eusse trouvé des petits pois, quand on n'en voyait pas encore au marché. Bref, tout fut pour le mieux.

J'étais tout heureux de voir *vivre* réellement la femme que j'adorais. A partir de ce moment, il se mêla à mon amour je ne sais quoi de *matériel* qui fut comme un alliage et lui donna plus de consistance.

III

Une autre fois, Hélène avait six heures à me donner. Je proposai une promenade à la campagne. Nous résolûmes d'aller jusqu'à un petit bourg, entouré de paysages joyeux et accidentés, à deux lieues de la ville. Nous laissâmes notre voiture sur la route, en disant au cocher de nous attendre, et nous voilà, Hélène et moi, bras dessus, bras dessous, courant à travers prés. Elle s'arrêta deux ou trois fois pour graver nos initiales sur l'écorce de quelques platanes qui doivent bien rire aujourd'hui. Il y avait des ruisseaux à sauter, de petites côtes à descendre. Hélène s'accrochait aux buissons, et m'expliquait gravement l'inutilité des épines dans la nature.

Après nous être un peu égarés, nous arrivâmes enfin à l'auberge du village.

Il y avait dans la cuisine une commère haute en couleur qui me parut une seconde providence.

— Madame l'hôtesse, une chambre et A MANGER :

Cette fois, Hélène ne protesta pas.

On nous servit une tranche de jambon à la sauce au sucre, entourée de quelques œufs pochés, une bécasse à la broche et une omelette aux croûtes frites. Avec cela, un grand saladier de fraises et du vin de deux ans, du vin rouge, du vin du pays, bon vin, bien vrai, bien franc, bien chaud.

Quant aux légumes, il n'en fut pas plus question que de poisson.

IV

Tels ont été, ami lecteur, les deux grands repas de ma vie, ceux que je n'oublierai jamais.

La bécasse me rappelle un petit coup que je reçus en pleine poitrine, parce que j'avais fait sauter de la sauce en découpant.

Les fraises, les éclats de rire, le vin de l'année, les bonnes affections, les baisers... Est-ce de l'amour ou de la cuisine ?

Dans tous les cas, c'était une heureuse combinaison que celle de ces deux APPÉTITS.

AURÉLIEN SCHOLL.

LA VIE A BORD DES STEAMERS

DE SAINT-THOMAS A SOUTHAMPTON

Un coup de canon répété par les échos du port vint annoncer aux divers passagers qui étaient encore dans la ville, qu'il fallait regagner au plus tôt le paquebot, qui levait l'ancre et partait pour l'Europe.

Mille petites barques ou *bonboats* — comme on les nomme à Saint-Thomas — quittèrent à la fois la rive et se dirigèrent vers *l'Orénoque*, qui, comme un immense cétacé, avant de commencer sa lutte avec l'Océan, essayait ses puissantes nageoires mues par une machine de la force de huit cents chevaux.

Les *bonboats* abordèrent. Ce fut alors un pêle-mêle de costumes et de types bien opposés, et le pont retentit au bruit d'une foule d'idiomes aussi différents entre eux que purent l'être ceux répétés par les échos de Babel !

Saint-Thomas étant le centre vers lequel convergent toutes les lignes des paquebots qui desservent le littoral des côtes du golfe du Mexique et de la mer des Antilles, c'est là que se réunissent les voyageurs qui, des différentes parties de l'Amérique, se rendent par la voie des steamers anglais, voie agréable sous le seul rapport de la célérité avec laquelle on fait la traversée.

Un trait caractéristique de nos alliés :—à la nouvelle qu'une Compagnie de paquebots qui allait s'établir en France avait choisi l'île de Saint-Thomas comme tête de ligne, ils se sont empressés d'acheter ou de louer tous les terrains disponibles dans ce port, afin d'empêcher à tout prix notre installation.

Pendant les premiers jours qui suivent l'embarquement, les passagers se divisent en plusieurs camps, et c'est surtout à table que l'on peut faire cette remarque : les Français se groupent tous sur le même point, les Espagnols et les Américains font de même; très-souvent ces derniers fusionnent avec les Français; les Anglais, jamais! Gourmés dans leur orgueil, ils n'adressent la parole qu'à leurs compatriotes, et savent, sur le pont comme à table, s'isoler et former une colonie à part. A table, ils dévorent; sur le pont, ils ruminent.

La vie à bord est toute matérielle, et, à part quelques heures employées à fumer ou jouer, on passe presque toute la journée à table. En pratiquant un tel régime, on risquerait fort, si la chère était bonne, d'arriver en Angleterre avec une gastrite; mais personne, si ce n'est un Anglais, ne peut craindre cet inconvénient, car les mets y sont si mal préparés et arrangés d'une façon si britannique, que, malgré tout l'appétit que réveillent en vous les brises salées de l'Atlantique, c'est à peine si vous y touchez.

Le matin, de six heures et demie à neuf heures, on vous apporte dans votre cabine et à votre choix du thé ou du café noir. Le thé n'est pas buvable; il est aussi noir et aussi fort que devrait l'être le café, qui, à son tour, est aussi faible et aussi pâle que devrait l'être le thé.

Pour remédier à ce mal, je prenais chaque matin un ou deux verres d'excellent madère dont j'avais fait provision avant de m'embarquer, et je mouillais dans cette topaze liquide quelques biscuits de Reims; ceci remplaçait avantageusement pour moi les brouets écœurants que nos voisins d'outre-Manche décorent à bord des noms purement illusoires de *tea* et de *coffee*.

A neuf heures, la cloche annonce le déjeuner. La salle à manger, qui peut contenir trois cents passagers divisés en deux tables, reçoit le jour du haut par une galerie à claire-voie ouverte sur le pont; les parois sont revêtues de panneaux mobiles en verres coloriés représentant les fleurs, les fruits et les oiseaux les plus impossibles. Sur les longues tables se trouvent espacés : du gigot, des épaules et des côtelettes de mouton. — Ce n'est qu'après un pugilat longtemps soutenu contre vos voisins que vous parvenez quelquefois à mettre la main sur ces dernières ; — suivent les têtes et les quartiers de porc frais à la sauce aux câpres, des pommes de terre et du riz à l'eau, des œufs *habités*, puis des poules, des canards et des dindes rôtis, mais rôtis au four et arrosés de la même sauce, ce qui vous procure l'agrément, en mangeant de la dinde, d'avoir au palais la saveur du canard. Quelques légumes et quelques relevés dont les recettes feraient rougir de honte le dernier de nos gâte-sauce, complètent le menu du déjeuner, qui n'arrive jamais à satisfaire les appétits plus que pantagruélesques qu'on trouve chez les enfants des trois royaumes. Les garçons de salle ont soin, pendant que vous vous placez à table, de vous apporter une maîtresse tasse de ce thé noir si repoussant ; cette boisson et l'eau étant les seuls liquides auxquels vous ayez droit, sans supplément, à tous vos repas. La carte des vins, bières et liqueurs est, sans contredit, très-variée, mais pauvre en crus excellents ; la consommation porte en général sur le champagne, que beaucoup d'Anglais prennent comme ordinaire, et sur le *first claret*, vin de Bordeaux trop corsé pour qu'il soit naturel, mais que vous ne payez que cinq *schellings* — 6 fr. 25 c. la bouteille.

Le garçon qui vous sert les vins ou les rafraîchissements que vous lui demandez, reçoit, en échange de ce qu'il vous donne, une carte où se trouvent indiqués la date, le genre de consommation, et au bas de laquelle vous apposez votre signature ; ces bons forment une collection que l'on vous présente à encaissement deux fois pendant la traversée, une fois aux Açores, et l'autre un jour avant l'arrivée à Southampton.

A midi, aussitôt que les officiers ont fait le point, la cloche, de la même voix, appelle au quart et au *lunch* tout à la fois. Le *lunch* est un relais gastronomique institué par les Anglais afin de pouvoir traverser, sans défaillance ni fringale, la distance qui sépare le déjeuner du dîner.

C'est le meilleur repas du bord : vous n'avez pas, comme au déjeuner et au dîner, cette buée grasse et fade qui s'échappe des viandes saignantes dont vous vous fatiguez bien vite. Le *lunch* se compose de jambon fumé du Nord-Amérique, de sardines à l'huile, de ces délicieux saumons conservés en boîtes, de ces saumons dont la chair est si rose et que l'on pêche en Écosse, puis de saucissons au gros poivre, qui vous invitent si instamment à boire, que c'est ordinairement pendant le *lunch* que l'on signe le plus d'autographes.

A quatre heures, le dîner. Plusieurs potages, dont toujours un à l'orge mondé, quelques tartes aux fruits et un dessert composé de noisettes, amandes, figues et raisins secs — d'une qualité si inférieure, qu'on pourrait les supposer avec quelque raison provenir des ventes publiques de marchandises avariées—font toute la différence du déjeuner au dîner. Vous devez pour ce repas, sous peine d'être fusillé par de longs regards bleus, avoir une mise irréprochable, et les Anglais ne se mettent à table que porteurs de tous les instruments du supplice de vêtement : l'habit noir trop serré aux bras et le col carcan, en les forçant à regarder en l'air, leur donne une physionomie contemplative.

A sept heures et demie, le thé avec des rôties au beurre vous rappelle, pour la cinquième fois, que, si l'on hurle avec les loups, il faut manger, toujours manger avec les Anglais. Ce dernier repas terminé, les tables se garnissent de joueurs. Pendant que les Français rient autour d'un bruyant *lansquenet*, que les Espagnols ou les Américains tuent la fièvre aux émotions du *monte*, que les Anglais digèrent sans dire un mot à une table de *whist*, les dames et les jeunes gens, qui préfèrent la danse au tapis vert, exécutent sur le pont et à la lueur de lampes marines toutes les passes chorégraphiques prescrites par Cellarius, aux sons des divers instruments qui se plaignent entre les mains des garçons de salle, transformés en musiciens sitôt le soir venu.

Nous constatons un fait : c'est qu'il n'est pas d'appétit supérieur à celui d'un Anglais, si ce n'est celui d'un Allemand. A l'appui : par suite de la grande quantité de passagers venant sur *l'Orénoque*, lorsque je m'y trouvais, on fut obligé de faire deux tables à une heure de différence l'une de l'autre pour le déjeuner et le dîner. Nous avons remarqué un fils de la blonde Allemagne qui, pendant les dix-sept jours qu'a duré la traversée, n'a pas manqué une seule fois aux deux tables, sans préjudice des trois autres repas du jour. Nous avons donc calculé que, sur dix-sept jours, soit 408 heures, dont il a employé 200 à dormir et 58 à fumer, il est resté 150 heures à table, près de dix heures par jour. Quelles facultés digestives !

Au résumé, si l'on mange beaucoup à bord des steamers anglais, on y mange très-mal, et il serait à désirer que nos paquebots transatlantiques s'installassent au plus tôt de Saint-Nazaire à Saint-Thomas, comme cela a été projeté, afin que les passagers français, qui sont toujours en grand nombre pour l'Amérique, pussent trouver à leur bord les jouissances et le confort de la table, question très-importante dans un voyage au long cours.

Les Anglais sont trop gourmands pour pouvoir être gourmets.

ALFRED DE MARTON.

LA MORALE DU VIN

On ne s'appelle plus, qu'étant ivre : mon frère ;
La *blague* a desséché l'épanchement sincère ;
Je ne vois que le vin qui fasse encore du cœur
S'exhaler franchement la joie ou la douleur.

L'amour est comme un cru de Bourgogne, et bien même
Il faut souvent du vin pour avouer qu'on aime.
Je t'aime ! ce mot-là n'est que tout simple alors ;
C'est une explosion du cœur, des sens, du corps !
Est-il rien, en effet, qui mette un homme à l'aise
Comme un vin naturel quand un secret lui pèse ?
A peine en lui sent-il ce bon vin remuer,
Que les beaux sentiments se hâtent d'affluer :
Tout change : esprit, humeur, peau, sentiment, parole ;
Il devient fraternel, on dirait qu'il s'immole,
Comme une jeune femme enceinte qui se sent
Mère, au premier sursaut qui passe dans son sang.
Il ne croit plus qu'au bien : aimer est son antienne ;
On dirait qu'il a bu la doctrine chrétienne ;
Il a tous les amours et toutes les vertus ;
Quant aux vices, ils sont convertis ou perdus.

Ne vous semble-t-il pas qu'étant ivre, l'on voie
Les choses et les gens tout à travers la joie ?
Les chiens eux-mêmes ont perdu leur sérieux.
Les oiseaux, titubant, vont balayant les cieux.
Lorsque d'un coup de queue un goujon qu'on voit luire
Fait l'onde se rider, on croit qu'il la fait rire.
Des arbres épuisés de rire en sont tordus;
D'autres en ont leurs troncs écarquillés, fendus.
Des cabarets bien peints sont, dans les paysages,
Riants, épanouis, comme de bons visages;
Tous les bruits, tous les cris sont des rires confus.
Les ventres des passants ressemblent à des fûts,
Et les nez des bourgeois, leurs physionomies,
Leurs tics, feraient pouffer de rire des momies!

Mets le feu, vin, au *dos* des hommes sérieux!
Par le rire ouvre-leur les lèvres et les yeux.
Par une bonne mine, ô vin puissant, remplace
Leur moue; un singe seul doit faire la grimace.
D'où vient qu'un magistrat n'a jamais l'air content?
C'est un vilain métier qu'un métier important.
Pourquoi ces chemisiers et ces vaudevillistes,
Ces huissiers, ces messieurs qui passent, sont-ils tristes?
C'est que — remords confus — sans se reprocher rien,
Ils sentent vaguement qu'il n'agissent pas bien.

Donc, revenons au bien, au pur, au vrai, mes frères,
Je veux parler du vin. — Buvons! soyons sincères.

Le vin rend confiant, et c'est en s'épanchant
Qu'on apprend par le vin à n'être pas méchant.

FERNAND DESNOYERS.

LA GASTRONOMIE PENDANT L'ÉTÉ

I

De Cussy l'a dit : « En France, le ferme lien de la société cultivée, c'est l'aï, c'est le bordeaux ; et nos vieilles civilisations craqueraient en dissolution par l'humeur et l'hypocondre si, aux épines des affaires, ne se joignaient les plaisirs de la sociabilité et les doux excitants de la table. »

Mais, hélas ! la table n'est pas — comme l'amour — de toutes les saisons. La gastronomie n'a de charme qu'en automne et en hiver. Le printemps, qui ramène les hirondelles, disperse les tables parisiennes. L'été chasse l'appétit et provoque le dégoût des aliments. Le soleil fait la guerre aux jouissances gastronomiques ; les viandes, les boissons fermentées, si savoureuses pendant l'hiver, nous répugnent en été, et, si la fantaisie nous faisait célébrer le carnaval à la canicule, nous n'aurions fait qu'élargir le torrent qui précipite les populations aux cimetières.

Cela est vrai : pourtant, expliquons-nous!

Les repas massifs nous répugnent en été; mais qu'en faut-il conclure, sinon qu'alors ils sont un anachronisme, ce qui n'empêche pas la belle saison d'être, autant que l'hiver, propice à la gastronomie; seulement, elle a sa cuisine spéciale, ses menus choisis. L'été n'a-t-il pas des plaisirs qui ne sont plus ceux de l'hiver? Il en est de même pour la table.

Les potages gras et la volaille sont de tous les temps. Ne les négligez pas en été.

Ne dédaignez point les primeurs!

Les laitages, les choux-fleurs, les haricots en gousse, les diverses salades, les légumes verts sont une politesse faite à la saison. Qu'ils alternent habilement avec les mets solides!

Composez à vos repas une stimulation subtile. Que votre nourriture soit légèrement substantielle et réparatrice. Relevez-la par des condiments doucement toniques.

Les dîners d'été doivent offrir de vifs contrastes de froid et de chaud. La soupe sera servie brûlante. Il en est de même des ragoûts et des rôtis, et il ne faut pas tenir compte des transitions.

Voici un menu de Gastaldy, cité par de Cussy, et qui est de la saine école :

Une julienne dont le bouillon provient de la décoction des chairs de la poule et de l'agneau, et dans lequel on a jeté de bons légumes issus des pluies chaudes ;

Quelques légers hors-d'œuvre ;

Un ou deux gâteaux de pâtisserie de petit-four, avec beurre, olives, etc.

Le dîner commence par un rôti délicat, le perdreau ou le coq vierge ;

Suivent plusieurs ragoûts : les poulets sautés, les cailles, les éperlans ;

Quelques légumes frais accompagnent immédiatement les ragoûts ;

Les vins sont solides et fins : les vins de Nuits, de Beaune première qualité, le sillery vineux sec, l'aï crémant ;

L'eau est exclue.

II

Au printemps et pendant l'été, les mets changent à peu de jours de distance, et les menus se modifient avec chaque soleil.

Juin offre ses jeunes poulets, ses pigeons. La poularde nouvelle, le dindonneau qui essaye ses propres ailes, le caneton de Caen, si délicat lorsqu'il est bien choisi et pris à point, le coq vierge, ce célibataire de nos basses-cours, qui ne peut être confondu avec monsieur son oncle le chapon, grâce au goût et au parfum que lui vaut sa chasteté.

En juin, le gibier fait défaut, le poisson a peu d'esculence, le bœuf est moins bon; mais le cuisinier artiste associe dans un riche cadre les légumes abondants et variés, c'est un véritable carême.

En JUILLET, le gourmet se rafraîchit avec la végétation des potagers et des vergers; mais il se console en observant croître, à vue d'œil, les lapereaux, les perdreaux, les levrauts et tout le gibier.

Le veau de Pontoise est excellent.

Les cailleteaux sont gras, et si, tout bardés de lard dans une feuille de vigne, on vous les sert rôtis, vous n'avez rien à envier aux dieux.

Avec AOUT paraissent les lapereaux en terrine et à l'eau-de-vie, les levrauts à la Suisse, à la czarienne, les perdreaux en papillote, en tourte, les tourtereaux, les ramereaux, les halbrans, le cochon de lait, le marcassin.

Mais — disons-le hautement avec Grimod de La Reynière — tout cela ne vaut pas les frais d'une indigestion; le gibier est trop jeune, et tout ce que l'on en tue peut être taxé d'infanticide.

Si vous êtes malade, évitez les pois.

Craignez-vous les sueurs, usez des asperges.

Êtez-vous un peu cassé d'âge et surmené de

fatigue, mangez de la poularde. — Si elle est rôtie, prenez l'aile. — Si c'est une daube, choisissez la cuisse. — Si vous êtes convalescent ou affaibli, réservez-vous-en l'estomac.

L'eau est proscrite.

En tout cas, faites rafraîchir, aux alcarazas ou dans la glace pilée, l'eau croupissante des fontaines d'appartement.

Les glaces ont leur hygiène; prises à propos, avec mesure, elles sont salubres, elles nous rendent la vigueur. Ici, l'abus n'est pas sans danger.

Pendant quatre mois de l'année, on se complait imprudemment à congeler son estomac, malgré la sueur, malgré le temps d'orage. C'est vouloir en fatiguer l'activité, en appauvrir les sucs; puis, l'hiver venu, l'on se plaint que la digestion est paresseuse.

Pendant la canicule, on absorbe, jusqu'à épuisement, des sorbets, des eaux froides, des vins frappés, et l'on s'étonne lorsque, vers quarante ans, on se sent atteint de la goutte, et que l'on aperçoit les signes précurseurs de la gravelle.

Pendant les étés orageux, quand, du matin au soir, la température reste extrême, qui songe à s'abstenir de glaces? Cependant leur usage, dans cette circonstance, produit des coliques, des indigestions dont la violence peut parfois faire supposer un véritable empoisonnement. Bacon n'avait pas tort lorsqu'il proscrivait cette habitude, non raisonnée, de la glace pendant la belle saison. Il préférait qu'on bût chaud, presque brûlant, toute l'année.

Point d'eau sucrée, elle irrite la soif.

Point de limonade, elle active l'épuisement nerveux.

Point d'orgeat, il engourdit les facultés digestives.

Prenez de la bière fermentée à point et suffisamment chargée de houblon.

Les fruits aqueux, les boissons fraîches et légèrement toniques, voilà, en été, ce que réclament les palais altérés.

Je vous recommande le café à la crème frappé à la glace, surtout si vous êtes faible, si vous avez perdu l'appétit. Faites infuser du café Moka et du café Bourbon. Sucrez. Mettez le tout avec un tiers de crème onctueuse dans un bol de porcelaine entouré de glace pilée, et vous avez, pour les énervantes chaleurs de juillet et d'août, un déjeuner délicieux, qui ravive les forces et subtilise le cerveau.

Et les fraises!—Vous les mouillez avec le jus de l'orange, c'est entendu; vous y pouvez ajouter le jaune de l'orange; vous l'enlèverez en le frottant avec un morceau de sucre; c'est encore mieux. Ce sera divin si vous y instillez quelques gouttes froides d'un thé vigoureux d'*orange Pekoe.*

Je vous défends d'ignorer LA TRIPLE ALLIANCE de la fraise, du champagne et de la crème fouettée. M. de Cussy, pour lui faire honneur, ne prenait qu'un potage, quelques filets de sole, une caille ou une aile de bartavelle, et quelques belles asperges. Après ce délicat prélude, il affrontait sans crainte cette fascinante mousse où se mêlent les parfums de la fraise, du champagne et de la vanille; mais, comme tout cela est glacial, prenez, tout de suite après, une brûlante tasse de moka sans mélange.

Telle est la cuisine spéciale de la belle saison, qui, dans sa modération exquise, ne refuse au gourmet discret rien de ce qui peut satisfaire ses goûts et les charmer par une variété infinie.

MAURICE GERMA.

L'OMELETTE A LA FLEUR DE PÊCHER

Mon cher Monselet,

Tu ne t'imagines pas quelles douleurs tu renouvelles en exigeant la recette de l'OMELETTE A LA FLEUR DE PÊCHER.

Lorsque je me délicatais — comme dit Brantôme — au charme des recherches culinaires, je ne connaissais pas encore le Malheur, ce grand maître plus maigre que le Temps. Depuis, hélas! depuis, j'ai dû combler — à coups de plume! — la faillite d'un oncle d'Amérique égaré dans le commerce ironique des fèves de marais en gros au delà de l'Ohio.

Les devoirs de famille! les devoirs de famille!

Note bien que le passif montait à la somme rondelette de 1,735,244 francs, plus une fraction, et devine mes privations et mes travaux herculéens.

Enfin, le sacrifice est accompli et j'entends rentrer dans l'épicurisme jusqu'au cou. — A toi ma première action de grâces et mon premier *Te Deum*.

Avant de m'abandonner aux entraînements qu'exerce la théorie sur le professeur, ma loyauté me contraint impérieusement à déclarer que l'*omelette à la fleur de pêcher* ne m'appartient qu'en partie. Mon *copin* de tous les jours, Amédée Rolland, y a collaboré de toute son activité proverbiale.

Tu connais, de vieille date, la nature méticuleuse de Rolland. Tu ne saurais croire néanmoins à quel point il a poussé les minuties dans la matière qui nous occupe.

Tu le verras, du reste, par les détails ci-dessous.

Il est temps d'aborder la recette.

Prenez — avant le coucher du soleil, c'est très-important — douze œufs de poules cochinchinoises à leur première ponte. Battez à part le blanc et le jaune avec un faisceau de branches de myrte. Rolland préconisait, lui, les verges de citronnier, plus acides et moins hautes en parfum.

Cueillez 75 grammes de fleurs de pêcher mâle et 100 grammes environ de fleurs de pêcher femelle. Retirez délicatement les deux pollens et les enfermez en des flacons de cristal bouchés à l'émeri. Cette dernière opération doit avoir lieu en plein air, les émanations vulgaires de la cuisine atteignant avec une rapidité dont on n'a pas idée cette poussière impressionnable — et surtout volatile.

Un exemple :

J'achevais alors à Ville-d'Avray une comédie en dix-sept actes et en douze mille vers, dans laquelle, par paresse ou par indigence, j'avais glissé une rime de six lettres seulement. Rolland se fâche tout rouge, boucle sa malle et se retire dans sa tente, — chez un oncle qu'il avait à Auteuil.

Le lendemain, à l'heure du déjeuner, pour atténuer, autant que possible, les amertumes de cet abandon, je me réfugiai dans les consolations suprêmes de l'omelette philosophale.

Ainsi faisait mon fugitif de son côté, poussé par les mêmes tristesses de l'isolement.

Survient un coup de vent qui hume nos pollens au passage, et voilà nos omelettes en désarroi.

Qui fut bien étonné? — Nous, sans doute, mais plus encore le chef de Legriel à Saint-Cloud, qui battait, au même moment, une simple omelette aux fines herbes. Juge du coup de théâtre : en retournant ses œufs, il découvrit une douzaine de petites pêches sur lesquelles il ne comptait guère. — Les deux poudres fécondantes, ragaillardies par les chaudes effluves du printemps, suivant d'ailleurs les lois d'attraction découvertes par Fourier, s'étaient rencontrées, à Saint-Cloud, dans le poêle du restaurant, et, sous l'action d'un feu trop vif, les pêches s'étaient formées instantanément par le simple contact des deux principes générateurs.

Mais je m'égare dans l'anecdote, et c'est le fait qui t'importe. — Je continue.

Les deux flacons doivent être mouillés par gouttelettes impondérables de mousse de champagne rosé. Cette opération achevée, la fleur mâle se met en bloc et vivement dans les œufs; la fleur femelle s'introduit — à dix minutes de distance — par couches légères et fréquemment répétées au moyen d'un tampon en duvet de cygne.

Battez une dernière fois à fond ; ajoutez un zeste — mais rien qu'un zeste! — de fleur d'oranger ;

laissez deux minutes et vingt-cinq secondes sur un fourneau de charbon de bois (la braise d'alizier est la meilleure), et... servez chaud !

Vin : château-larose.

Dernier avis : il n'est pas inutile de faire précéder le mets en question par un fort chateaubriand à la moelle, garni d'oranges de Compiègne.

Mille sympathies de cœur et d'estomac.

CH. BATAILLE.

Meudon, 24 avril.

BALLADES GASTRONOMIQUES

I

BRISES DU SOIR

Qu'ils sont doux, ces parfums de la rue, qui viennent charmer notre odorat, lorsque, sur le coup de six heures, les vapeurs de la soupe se mêlent au fumet du succulent rosbif et du savoureux ragoût!

Quelle jouissance nasale me procurent les senteurs de cette bienheureuse cuisine où s'accommodent ces plats choisis : faisan rôti, civet de lièvre!

Ici, je flaire un croûton-purée bourgeois; — là, un vermicelle moins vulgaire; — plus loin, je respire les émanations nourrissantes d'un onctueux potage à la bisque.

O soupe à la tortue [1], ton encens ferait renaître toutes ces divinités de l'Olympe, dont l'Académie a tant abusé! Quel nectar, quelle ambroisie peut rivaliser avec toi, savoureuse essence de graisse verte!

Bientôt, passant dédaigneux devant une entrée de soles frites, je renifle avec bonheur le parfum d'un turbot sauce aux câpres, et, à l'autre bout de la rue, je m'extasie auprès d'un saumon.

Il est prudent, ô gastronomes incertains, de noter ainsi au passage la fumée de chaque cuisine

[1] M. Théophile Gautier a parlé de cette soupe en homme qui a profondément étudié son sujet; mais il nous paraît avoir confondu la soupe à la tortue et le *mock-turtle* (littéralement : *soupe à la tortue simulée*), lequel se fabrique, non avec l'animal amphibie dont il porte hypocritement le nom, mais bien avec une tête de veau. (*Note du traducteur.*)

amie. C'est un fade menu que celui de Green. — Je me garderais bien de dîner chez lui [1].

Chez Smith, je distingue une odeur de cornichons, aigre parfum qui me déplaît. — Cet assaisonnement accompagne d'ordinaire gigot ou bœuf froid.

Nota bene. — Soyons toujours engagés quand Smith nous invitera à la fortune du pot.

Je n'aime guère non plus mon voisin Jones : pour moi, les côtelettes au naturel ou les grillades ont peu de charme ; mais oh ! que ma tendresse est grande pour l'ami Brown, chez qui s'apprête un délicieux cochon à la broche ! Si je m'invitais à dîner [2] !

1 La morale de cette ballade nous donne à croire que l'idée en a été empruntée à M. de Montmaur, professeur du Collége de France, célèbre pique-assiette et inventeur de la *Capnomancie, ou Art de juger les gens d'après la fumée de leur cuisine.* C'est lui qui disait à ses convives bruyants :

— Silence donc, messieurs, je ne m'entends pas manger !

Ajoutons, en passant, que la *capnomancie* est une science moins facile à exercer en France qu'en Angleterre, où les cuisines souterraines envoient au nez des passants des bouffées de chaleur odorante.

(*Note du traducteur.*)

2 Jusqu'à quel point cela est-il permis ? C'est là

Là, je flaire avec amour une dinde bouillie, garnie d'une sauce aux huîtres ; ici, mes narines exercées m'annoncent qu'on va servir une compote de pigeons.

Plus loin, une oie appétissante me fait faire une longue station ; je ne rêve qu'à cela jusqu'à ce que la divine senteur d'un coq de bruyère m'apprenne à dédaigner les oies.

Bref, en quelque lieu que j'aille, mille saveurs séduisantes viennent saluer mon nez, et, tandis que je chante, je me souviens avec ravissement des brises embaumées de la sixième heure.

une grave question que le Code gourmand ne résout pas. Selon Samuel Johnson, on n'aurait dans aucun cas le droit de lever un impôt dînatoire indirect : un jour, son biographe Boswell lui demandait :

— Lorsqu'on sait qu'un ami a invité à dîner plusieurs personnes que l'on connaît intimement, ne peut-on pas se joindre à eux sans invitation ?

— Non, monsieur, répondit l'illustre lexicographe, car l'amphitryon peut avoir rassemblé vos amis, afin de leur fournir une occasion de dire du mal de vous.

II

ODE A FRANCATELLI

(Après un dîner au Reform club)

Salut, Francatelli, vaillant chef, dont le mérite transcendental t'a valu, dans l'univers entier, le titre de premier artiste du siècle !

C'est hier que je l'ai savouré, ce repas délectable que ta main assaisonna, et, bien qu'il n'en reste rien, j'en veux conserver la mémoire.

Mais quelle plume peut rendre justice au consommé qui fait ta gloire ? Comment décrire le goût exquis de ce mets digne d'un chanoine : tes foies gras de Kromesky ?

Quel honneur pour cette dinde, choisie dans un troupeau entier, de se voir truffer par toi et manger par nous avec du jambon au madère !

Elles n'auraient pas tant pleuré leur sort, tes perdrix intéressantes, si en mourant elles avaient su que tu leur donnerais pour mausolée un salmis à la Richelieu.

Tes entremets sans défaut seront éternellement

chers à mon estomac reconnaissant. — Quand cessera-t-il de louer ta mayonnaise et tes croque-en-bouche d'avelines?

Qui donc, après en avoir goûté une fois, pourrait oublier ta gelée aux noyaux? Grand homme, une gloire non moins durable attend tes tartelettes d'abricots!

Souffre que je célèbre, en humbles vers, tes hauts faits culinaires; — mais, entre nous, j'aurais mieux fait de manger un peu moins de chacun de tes chefs-d'œuvre.

Traduction de William-L. Hughes.

LES CUISINIERS GRANDS SEIGNEURS

Le chef des *queux* ou cuisiniers jouissait, sous l'ancienne monarchie, des prérogatives les plus brillantes. Il était au rang des officiers de la couronne. Messire Gaster regarda toujours d'un œil favorable ceux qui contribuaient à ses plaisirs. C'est probablement par suite de cette tradition que les grands seigneurs eurent toujours une grande considération pour la cuisine et qu'ils ne crurent pas déroger en s'y adonnant avec passion. N'avaient-ils pas, d'ailleurs, l'exemple héroïque de ces Grecs illustres qui, dans Homère, s'empressent d'embrocher eux-mêmes des moutons et des porcs tout entiers et de souffler le feu !

*

Le régent de France, Philippe d'Orléans, comme on le voit dans les Mémoires de la princesse palatine, sa mère, avait appris à faire la cuisine en Espagne, quand il y commandait. Souvent il exerçait cet art avec délices, à Asnières, dans une ferme appartenant à la comtesse de Parabère, cette brune piquante qui jamais ne mettait de fard (chose remarquable alors), que Philippe appelait son petit corbeau noir, et que j'ai là sous les yeux, peinte par Antoine Coypel en bergère peu vêtue se laissant séduire par Apollon.

Tous les soirs, le régent se rendait à Asnières incognito ; et c'était un spectacle bizarre de voir le neveu de Louis XIV, le chef de l'État, préparer un souper à la hâte, avec un tablier de toile sur sa culotte de soie, et le front encore chargé des ennuis politiques de la journée ! Il se déridait, se sentait tout joyeux, tout alerte, dès qu'il pouvait agiter quelques casseroles. Son cœur serré se dilatait à cette bienheureuse fumée qui s'échappait en frissonnant de chaque couvercle, à ce bruit de batterie de cuisine qui produisait sur ses sens l'effet que le tintement des verres et des flacons faisait sur le jeune Gargantua. Puis il soupait avec la comtesse en compagnie de tous les paysans de la ferme, chantant des chansons de cabaret, faisant mille folies, débitant des gaudrioles et autres propos gaillards de *beuverie*, riant à gorge déployée des plaisanteries salées et folâtres de madame de Parabère, morceau friand, comme dit la princesse palatine, et dont les yeux et la bouche recélaient tant d'agrément et d'excitation.

Quelquefois même, au Palais-Royal, quand il voulait se divertir, il offrait ses ragoûts à ses roués, qui ne manquaient pas de les trouver admirables et d'accabler de compliments Son Altesse cuisinière. Le régent, pour se livrer sans doute avec plus de propreté et d'élégance à cette distraction favorite, avait organisé une cuisine avec des ustensiles d'argent. Les quatre murs étaient ornés d'autant de tableaux de gibier, peints par Oudry.

*

Le duc de Vendôme, qui raffermit Philippe sur

le trône d'Espagne, avait aussi du goût pour l'art culinaire ; mais, comme sa malpropreté était proverbiale, je doute fort qu'il y eût beaucoup de personnes qui pussent accepter de grand cœur le dîner qu'il avait préparé. Vendôme devait ses talents en ce genre à Alberoni. Au château d'Anet, ce même homme qui, étant premier ministre à Madrid, essaya de bouleverser l'Europe, semblait n'avoir d'autre ambition que celle de préparer du macaroni et de réussir la soupe à l'oignon et au fromage. Alberoni savait tous les contes orduriers de l'Italie et de l'Espagne. Sa gaieté licencieuse était l'assaisonnement obligé de tous les dîners d'Anet. Pour avoir son bouffon toujours auprès de lui, Vendôme voulut le faire nommer à la cure d'Anet. Alberoni refusa : il flairait déjà de loin les grandeurs auxquelles il était destiné. Il dut à ce refus de ne pas s'enterrer obscurément en France et de devenir premier ministre en Espagne. Il est vrai qu'après avoir troublé toute l'Europe par ses intrigues, il mourut en exil ; mais, dans sa retraite, que de consolations il puisa dans l'exercice de ses talents pour la cuisine !

*

Louis XV, dans les premiers temps de sa jeunesse, déjà disposé à l'ennui, se délectait à faire la cuisine dans ses petits appartements, où il tournait aussi des tabatières. Sur le retour de l'âge, ces réminiscenses de cuisine, cette bonne éducation première, le rendirent très-habile à préparer le café au lait pour ses maîtresses. Madame Dubarry le trouvait excellent, et le fameux mot qu'elle prononça un jour qu'elle voyait le liquide s'enfuir dans le feu : *La France, ton café f... le camp!* était connu de tous les sujets de France et de Navarre, et il durera autant que les bons mots les plus célèbres des grands hommes de Plutarque.

*

Madame de Montespan savait cuisiner avec beaucoup de talent et même de prestesse. Sans cela serait-elle arrivée à une si haute destinée? Un jour qu'elle se trouvait aux Carmélites, où elle avait tout mis en émoi en faisant tirer une loterie aux religieuses, elle venait de causer avec mademoiselle de la Vallière, sœur Louise de la Miséricorde. Elle se sentit en appétit, et donna quatre pistoles pour acheter ce qu'il fallait pour une sauce de sa composition. Elle la prépara, au grand ébahissement des religieuses, et la mangea avec un appétit inexorable. Une femme qui s'entendait si bien en gourmandise aurait enchaîné les plus grands rois de la terre. Et ceci rappelle ce qu'a si bien dit notre regrettable romancier Balzac : « Les hommes se passionnent pour une femme qui sait leur cuisiner de bonnes friandises. »

*

La duchesse de Bourgogne avait également une sauce à elle : aussi fut-elle adorée de son mari et même par d'autres. Elle savait préparer, avec du vinaigre et du sucre, les deux extrêmes, une sauce délicieuse qu'elle jetait sur le bœuf bouilli.

*

Montaigne a dit : « Les grands se piquent de savoir apprêter le poisson. » En effet, le poisson, surtout dans les villes éloignées du littoral, était un objet de luxe : les grands seigneurs eux-mêmes se plaisaient à le préparer encore du temps de Louis XIV. Vendôme, étant en Espagne, avait établi ses quartiers d'hiver sur le bord de la Méditerranée pour manger et apprêter plus commodément du poisson. Le poisson faisait fureur alors, et les dîners d'apparat en étaient chargés. Les prélats attendaient impatiemment le carême pour s'en régaler largement. A la cour, on jouait du poisson : madame de Sévigné écrit : « Un tel a perdu l'autre jour pour cent louis de poisson. » Un abbé mourut pour en avoir trop mangé chez le duc de Saint-Simon. Aussi voyez comme l'auteur des fameux Mémoires le place dans son nécrologe, et avec quelle fierté il raconte le fait : « L'abbé de Verteuil mourut presque aussitôt mon arrivée : on m'accusa de l'avoir tué d'une indigestion d'esturgeon dont, en effet, il s'était crevé chez moi. C'était un excellent convive, etc. » Suit son éloge comme, en effet, il le méritait bien.

*

Louis XIV, dans sa vieillesse, n'avait pas de plus heureux passe-temps que celui de nourrir de sa main les poissons des bassins de Marly. Vous comprenez maintenant pourquoi Vatel, l'infortuné Vatel, qui avait résisté au malheur de voir le rôt manquer à plusieurs tables, succomba à l'affront de se voir privé de marée. N'avoir pas de marée pour ces festins royaux auxquels il présidait à Chantilly ! mais cela passe l'imagination. Cet affreux contre-temps valait bien un coup d'épée ; seulement, il aurait dû le donner à ceux qui le mettaient dans ce cruel embarras, au lieu de le réserver pour lui-même.

★

Fermons cette galerie d'illustrations culinaires par une anecdote de nos derniers temps. Un jour, Napoléon entrait à l'improviste chez la jeune impératrice ; il la surprit en train de confectionner une omelette qui avait fort bonne mine. Il prit par plaisanterie la poêle des mains de Marie-Louise et voulut lui-même tourner l'omelette.

— Mais, dit le baron Meneval, il ne fut pas plus adroit que le grand Condé en pareil cas, et il la laissa tomber sur le tapis.

J. Baïssas.

FINE CHAMPAGNE

L'eau-de-vie aux yeux d'or.
CH. MONSELET.

Soit sèche, soit siropée,
Naturelle ou bien coupée,
Il n'est pas une liqueur
Produite ou non par la treille,
Comme la champagne vieille,
Pour vous parfumer le cœur
Et pour infiltrer à l'âme
Plus de salutaire flamme,
A la chair plus de vigueur.

Béziers a les trois-six ; Limoux a la blanquette ;
Aï, son vin mousseux, qui, décoiffé, caquète ;
Condom, son Armagnac, qui dans cinq ans est vieux ;
Bordeaux a les vins froids, échauffant les oreilles,
Son laffitte aux teintes vermeilles,
Son blanc graves, qui rend les plus sombres joyeux.

Londre a le gin ; Syracuse,
Ce liquide qu'on accuse
Hugo d'avoir découvert.
Avec un bon petit verre
Pris tout sec, à jeûn, Madère
Ouvre un appétit d'enfer.
Au palais qui se dégoûte,
Alicante sert sa goutte
Qui couronne le dessert.

Une essence à la fois digestive et qui creuse
Est fabriquée au fond de la Grande-Chartreuse ;
Saint-Pierre-Martinique offre le tafia ;
Dantzig a son eau d'or ; Andaye, une eau-de-vie
Dont la vue, encor plus que le goût, est ravie ;
Grenoble a le ratafia.

Frontignan fournit au monde
Son muscat de couleur blonde,
Rance, capiteux et doux ;
Ce cru fameux de l'Autriche,
Tokai, dont pour nous est chiche
Le sort, hélas ! trop jaloux,
Pour vous, familles princières
Et sommités financières,
A seulement des glouglous !

Non moins rare est le vin qu'on récolte à Corinthe;
Fougerolles cultive une plante, l'absinthe,
Dont elle extrait un jus amer, apéritif;
Saumur la viticole à merveille compose
L'élixir Raspail, une chose
Très-saine et qui n'est pas du tout un vomitif.

Xérès de son sol est fière;
Comme l'eau se boit la bière
Qu'à Strasbourg on fait si bien;
D'être la fleur de Bourgogne
Nuits se vante, et Beaune en grogne
Avec raison, j'en convien;
Jurançon et Rivesalte
Ont leurs côteaux qu'on exalte;
Paris a le sacré-chien.

Heidelberg et sa tonne en Chine sont connues;
Porto l'est aux enfers et Chypre jusqu'aux nues;
Saint-Péray, qui n'a dit ton nom avec amour?
Et le tien, Cap lointain dont la liqueur fleurie,
Avant de saluer notre belle patrie,
Du globe a fait le demi-tour?

Enfin tout ce qu'on peut boire
A son cachet méritoire,
Jusqu'au vermouth, jusqu'au rack;

Tout liquide a son arome
Qui diversement embaume
La narine et l'estomac ;
Et ces villes ont chacune
Dans leur terroir leur fortune ;
Mais Cognac a le cognac.

Le cognac ! le cognac qui les vaut tous ensemble !
Or potable qui dort en futaille, et qui semble
Fait avec des rayons de l'aube distillés ;
Dont le doux feu provoque un frémissement tendre,
Si magique, ô Bacchus ! que nous croyons t'entendre
Rire en nos sens émoustillés !

Ses qualités souveraines
En nombre égalent les graines
Des raisins qui l'ont produit.
Lorsque cette huile divine,
Du fin cristal qui s'incline
Descend au gosier sans bruit,
Dans le corps qu'elle dilate
Sa séve électrique éclate
Comme l'éclair dans la nuit.

Rien, comme le cognac, de précieux sur terre ;
Soit que l'odorat cherche à percer le mystère
Des cent parfums mêlés dans son bouquet charmant ;

Soit qu'agité soudain dans la blanche fiole,
Sa surface, d'une auréole
De diamants perlés se couronne un moment.

Il est bon, quoi qu'on en fasse.
En punch, en grog, il efface
Cassis, glaces et sodas ;
Du convive le plus ferme,
Dont le coffre plein se ferme,
Il force le cadenas ;
Il fait envie au malade ;
Il est bon jusqu'en salade,
En salade d'ananas.

Cognac, père fécond des châteaux en Espagne,
Par toi nous délirons sans battre la campagne !
Tu donnes santé, joie, esprit, digestion.
A quelque instant du jour, gourmets, qu'on vous le serve
L'heure est bonne, avalez ! Il retrempe la verve,
Il verse l'inspiration.

L'Italie est sa grand' mère.
Deux siècles avant notre ère,
Les Santons, balayés par
Marcellus, en rapportèrent
Maints visans qu'ils transplantèrent

A Salle, à Château-Bernard,
Et dont le suc, d'âge en âge,
Des dieux serait le breuvage
S'ils n'avaient pas le nectar.

MARC-MARC.

Cognac, juillet.

TROIS RECETTES

Mon cher Monselet,

La *Cuisinière poétique* donnera satisfaction aux impérieuses exigences des hommes de goût qui déploraient que, dans un pays où la peinture, la musique, la parfumerie et la boxe même trouvent des plumes expertes pour les célébrer, nul écrivain ne consacrât ses talents à tracer l'esthétique, à hâter le progrès du moins décevant des arts sensuels !

Cependant, il ne faut pas te le dissimuler, si tu

raillies autour de ton œuvre les cœurs hardis, les estomacs solides, qui ont le courage de leurs opinions et de leurs digestions, tu te heurtes aussi contre le mauvais vouloir des faibles, des débilités, des sots, des lâches et des hypocrites.

Brillat, praticien secondaire, mais théoricien de premier ordre, a écrit sur un granit indestructible ces trois axiomes :

« Les animaux se nourrissent;

» L'homme mange;

» L'homme d'esprit, seul, sait manger. »

Combien, à ce compte, y a-t-il d'hommes d'esprit?

Fort peu, mon cher gourmet, aussi peu que possible.

Je vois qu'on se réunit tous les jours, en nombre, pour se mettre à table et prendre sa part d'un festin à trois services.

Que font ces gens-là? Ils absorbent jusqu'à l'indigestion, ils entonnent, jusqu'à l'ébriété, les plats et les vins qu'on leur présente. Ils mangent pour manger, ils boivent pour boire, et ne sont pas capables de distinguer un turbot d'une barbue, une bécasse d'une bécassine. Quant aux vins, *bone Deus!* donnez-leur du romanée gelé, sous le nom de branne-mouton, retour de l'Inde, et leur palais grossier se laissera prendre à cette énorme mystification, incapables qu'ils sont de distinguer jamais le bouquet concentré qu'exhalent les coteaux bourguignons, du parfum que communiquent les brises de l'Océan aux sables bordelais.

Encore mangent-ils, ces profanes privilégiés. Mais le reste? la multitude, la plèbe, le troupeau? Les trente-cinq trente-sixièmes de la France; les neuf-cent quatre-vingt-dix-neuf millièmes de l'Europe, la totalité des naturels de l'Afrique, de l'Amérique et de l'Asie?

Hélas! il faut bien le reconnaître, au grand dam de leur âme immortelle, ces immenses populations se nourrissent ni plus ni moins — souvent moins — que les animaux.

Tu arrives donc à propos pour arracher l'humanité à la barbarie.

Aux riches, tu enseigneras la gastronomie, c'est-à-dire l'art de manger correctement.

A ceux qui sont moins favorisés des dons de la fortune, tu dévoileras les secrets économiques qui constituent, scientifiquement, la manière la plus agréable de manger son pain.

Les hommes d'esprit qui savent manger commettent eux-mêmes des solécismes consacrés par un usage pernicieux. Apprends-leur quel vin convient à tel service. Tiens-les en garde, par exemple, contre l'abus du xérès ou du madère au commencement du dîner. Il n'y a pas de château-laffitte qui ne soit neutralisé à l'avance par les alcools liquoreux que produit l'Espagne et que fabriquent trop souvent les chimistes de Cette.

Sois le Malherbe de la gourmandise; deviens le législateur de la poétique de la table;

D'un *mets* mis en sa place enseigne le pouvoir.

Et tu auras mieux mérité de l'humanité que les conquérants qui ont affamé le monde, ou que les philosophes qui ont préconisé l'oignon au gros sel.

Apprends aussi que l'agent le plus actif et le plus puissant de la jouissance, c'est la modération.

Un de mes amis, qui est aussi le tien, n'attaque jamais les relevés, les entrées et les grosses pièces que du bout des dents, et du bout des lèvres les vins ordinaires.

Les saumons, les poulardes, les filets mignons ne lui fourniront pas douze bouchées, il n'accordera pas douze gorgées au saint-estèphe et au moulin-à-vent.

Mais viennent le grand château-margaux, le clos-vougeot et la veuve Cliquot, viennent le gibier de poil et de plume, les entremets d'avant-saison et les sucrés pompadour, alors notre homme se réveille, ou, pour parler plus sainement, se révèle! Tandis qu'autour de lui les goinfres, blasés par le haut goût des viandes de boucherie, n'accueillent que d'un palais distrait les cailles les plus grasses, les ortolans les plus savoureux, les chevreuils les plus fondants et les fromages les mieux fondus, notre homme, en pleine possession de son appétit, aiguise ses dents, troupes fraîches qu'il a réservées pour le moment du triomphe, et il arrose victorieusement les mets les plus délicats des vins les plus exquis.

Quand chacun lève plus ou moins lourdement le siége, lui, alerte et allègre, serait prêt à recommencer le combat, si le reste du butin en valait la peine.

D'ailleurs, la modération a dressé devant lui deux colonnes d'Hercule sur lesquelles il peut lire ces avis salutaires :

ICI FINIT LE PLAISIR.
AU DELA, LA SATIÉTÉ.

Mais je m'aperçois que je prêche comme saint Jean, dans le *dessert*. Je veux terminer cette lettre d'une façon plus appropriée à la circonstance et au cadre de la *Cuisinière poétique*.

Voici donc trois recettes inédites, contre les langueurs de l'estomac.

Pâté de chasseur.

Coupez, par tranches convenables, un filet de

bœuf. Faites-leur, dans une terrine neuve, un lit de beurre et de lard; couchez-les douillettement entre un matelas et un édredon de truffes; continuez l'opération jusqu'à ce que la terrine soit pleine. Faites cuire et refroidir. Quand vous partirez pour la chasse, au petit jour, coupez-moi quelques tranches de ce pâté-là, et, vers dix heures du matin, vous m'en direz des nouvelles.

Rognons de chevreuil au gratin.

Il ne s'agit que d'avoir sous la main douze chevreuils et dans la bourse 150 francs, pour servir, à quelques amis, ce plat divin qu'a imaginé un grand maître, qui est aussi un gourmand de génie: vous avez deviné Rossini.

Melon à l'orientale.

Dépouillez un melon de son écorce et coupez-le par tranches horizontales, comme on fait des oranges en salade. Rejetez les pepins et tout ce qui les entoure. Versez ensuite sur les deux côtés de chaque tranche, préalablement saupoudrés de sucre candi, quelques filets de kirsch ou de rhum. Reconstruisez alors entièrement votre melon et mettez-le dans une sarbotière. Je doute que, quand il sera glacé, l'ambroisie de l'Olympe ne vous produise pas, en comparaison, l'effet du brouet de Sparte.

Après cela il faut tirer l'échelle, n'est-ce pas, cher Monselet? Tout autre plat serait fade, toute phrase serait mal venue.

Mange et sois ébloui.

A toi de cœur et d'estomac.

ÉMILE SOLIÉ.

UN DINER TURC

J'avais changé de logement, celui que j'occupais à Dervish-Sokak étant un peu triste et n'ayant de vue que sur une ruelle étroite comme toutes celles de Constantinople. J'étais allé habiter à l'hôtel de France, où, d'un grand salon à huit fenêtres, garni d'un long divan, l'on apercevait le petit Champ-des-Morts, les toits et les minarets de Cassim-Pacha et les hauteurs de San-Dimitri, perspective charmante qui semblerait légèrement lugubre à Paris, mais qu'on trouve avec raison fort gaie à Constantinople; et, dans cet hôtel, j'avais fait connaissance d'un jeune homme à qui ses études médicales et la perfection avec laquelle il parlait les langues de l'Orient donnaient une grande facilité pour pénétrer dans les maisons turques et en connaître les mœurs intimes : il était abonné de *la Presse*, grand admirateur de M. de Girardin, et mon nom, connu de lui littérairement, le faisait s'intéresser à mes excursions et à mes recherches de voyageurs; je lui dus la bonne fortune d'une invitation à dîner chez un ancien pacha du Kurdistan, de ses amis.

Nous partîmes tous les deux vers six heures du soir pour arriver à Beschick-Tagh, où demeurait le pacha, à l'heure du coucher du soleil, car l'on était en Ramadan, et le jeûne ne se rompt que lorsque l'astre du jour a fait disparaître son disque derrière les collines d'Eyoub.

Une porte basse, précédée d'un perron de trois marches, nous fut ouverte par un domestique habillé à l'européenne, sauf la calotte rouge de rigueur, et, après avoir quitté nos chaussures pour des babouches que nous avions pris soin d'apporter avec nous, l'on nous fit monter au premier étage, où se trouvait le selamlik (appartement des hommes), toujours séparés de l'odalik (appartement des femmes) dans la distribution des maisons turques, riches ou pauvres, grandes ou petites.

Nous trouvâmes l'ex-pacha dans une pièce fort

simple, au plafond de bois peint en gris et relevé de filets bleus, ayant pour tous meubles deux armoires parallèles, une natte en paille de Manille et un divan recouvert de perse, à l'extrémité duquel se tenait le maître du logis, faisant rouler sous ses doigts les grains d'un chapelet en bois de sandal.

Mon ami lui traduisit mes compliments, auxquels il répondit d'une manière fort gracieuse; puis il me fit signe de m'asseoir auprès de lui. Ma facilité à croiser les jambes à l'orientale, mouvement fort difficile pour des Français, le fit sourire et lui donna bonne opinion de moi.

Le jour baissait;—les dernières teintes orangées du couchant s'éteignirent au bord du ciel, et le bienheureux coup de canon retentit joyeusement dans l'air; le jeûne était rompu, et des domestiques parurent apportant des pipes, des verres d'eau et quelques menues confiseries; cette légère collation sert à constater que les fidèles peuvent légalement prendre la nourriture.

Puis ils posèrent à côté du divan un grand disque de cuivre jaune soigneusement fourbi et reluisant comme un bouclier d'or, sur lequel étaient disposés différents mets dans des jattes de porcelaine. Ces disques, supportés par un pied bas, servent de table en Turquie, et trois ou quatre convives peuvent y prendre place. Le linge de corps et de table est un luxe inconnu en Orient.

On mange sans nappe, mais on vous donne, pour essuyer vos doigts, de petits carrés de mousseline, brochés d'or, assez semblables aux serviettes à thé en usage dans nos soirées à l'anglaise : précaution qui n'est pas inutile, car on ne se sert, à ces repas, que de la fourchette du père Adam. Le maître du logis, plein de politesses et de prévenances, voulait, prévoyant mon embarras, me faire donner, comme dit Castil Blaze :

La cuillère d'argent qui servait à manger ;

mais je le remerciai, désirant me conformer en tout aux règles de la gastronomie turque.

Au point de vue des Brillat-Savarin, des Cussy, des Grimod de la Reynière, des Carème, l'art culinaire turc doit sembler tout à fait barbare et patriarcal ; ce sont des rapprochements de substances tout à fait insolites, des mélanges extravagants pour des palais parisiens, mais qui pourtant ne manquent pas de recherche et ne se font pas au hasard. Les plats, dont on prend avec les doigts quelques bouchées, sont en grand nombre ou se succèdent rapidement. Ils consistent en morceaux de mouton, en poulets démembrés, en poissons à l'huile, en concombres crus, farcis, arrangés de toutes les manières ; en petits salsifis visqueux, pareils à des racines de guimauve et très-estimés pour leurs qualités stomachiques; en boulettes de riz enveloppées de feuilles de vigne ; en purée de citrouille au sucre; en crêpes au miel; le tout aspergé d'eau de rose, assaisonné d'huile de menthe, d'herbes aromatiques et couronné par le pilau sacramentel, mets national comme le puchero espagnol, comme le couscoussou arabe, comme la choucroute allemande, comme le plum-pudding anglais, qui figure obligatoirement à tous les repas, dans le palais et dans la chaumière. Pour boisson, l'on buvait de l'eau, du sherbet et du jus de cerises qu'on puisait dans un compotier avec une cuiller d'écaille à manche d'ivoire.

Le festin terminé, l'on emporta le plateau de cuivre, l'on donna à laver, cérémonie indispensable lorsqu'on a dîné sans autre argenterie que les dix doigts ; l'on servit du café, et le chiboukdji présenta à chaque convive une belle pipe au gros bouquin d'ambre, au tuyau de cerisier lisse comme du satin, au lulé chaperonné d'une belle touffe blonde de tabac de Macédoine enlevée d'un seul coup et reposant sur un rond de métal posé à terre, pour préserver la natte des charbons et des cendres qui pourraient tomber du fourneau.

THÉOPHILE GAUTIER.

UN DINER DU NOUVEAU MONDE

Pendant mon séjour à Caracas (Venezuela), je fus présenté à un riche propriétaire de l'intérieur ; nos caractères sympathisèrent de telle sorte, que nous nous liâmes assez pour que je pusse, sans crainte d'être indiscret, accepter, pour quelques jours, la gracieuse hospitalité qu'il m'offrit dans l'une de ses *haciendas*.

Les *Mariches*, distantes de quelques heures de Caracas, étaient la propriété où résidait d'ordinaire M. F..., mon hôte et nouvel ami, et où nous arrivâmes bientôt.

La maison d'habitation n'était point somptueuse : elle se composait d'un rez-de-chaussée, bâti partie en pierres, partie en *pajareque*, mélange de mortier et de paille qui résiste aux secousses des tremblements de terre. Ce bâtiment s'élevait sur un monticule à l'ombre de gigantesques *bucares*, qui y faisaient régner à toute heure du jour une fraîcheur délicieuse.

Le toit de tuiles rouges, dépassant l'assise des murs, venait se reposer sur une colonnade qui s'étendait sur toute la façade et formait une galerie ouverte, où se suspendaient les *chincorros* ou hamacs pour y goûter les douceurs de la sieste.

Le lendemain de mon installation chez mon hôte, il vint me réveiller, me fit choisir un de ses fusils, et nous partîmes, suivis de nos chiens.

Tout en chassant, la conversation tomba naturellement sur le gibier, et, du gibier, sur la manière de l'accommoder.

Comme, depuis mon arrivée au Venezuela, je n'avais goûté qu'à l'horrible cuisine des *posadas*, je me récriai fortement lorsque mon compagnon me soutint qu'on pouvait dîner aussi bien au milieu des bois et des montagnes où nous nous trouvions, que dans le temple le plus fréquenté de nos Comus contemporains, Véry et Véfour.

Pour me convaincre de ce qu'il venait d'avancer, il fut convenu que nous retournerions au logis, afin qu'il pût ajouter quelques ordres à ceux déjà donnés à Nelson, son cuisinier.

Nous rebroussâmes chemin. Notre appétit, réveillé par l'arome des grands bois, l'air vif des montagnes et la marche, commença à parler impérieusement.

— Voici donc, me dit M. F... en me rejoignant dans la salle où le couvert était mis et où je l'attendais depuis notre retour, le moment de vous faire revenir sur le jugement téméraire que vous avez porté sur la bonne chère de ce pays.

Je m'inclinai en souriant de mon sourire le plus incrédule.

— Je vous ferai remarquer, ajouta-t-il en s'asseyant en face de moi et me montrant la table dénudée de réchauds, que je ne permets jamais que l'on me serve plusieurs plats à la fois; cela, afin de ne pas en avoir constamment et ensemble les divers fumets, qui empêcheraient d'apprécier celui du mets que l'on savoure.

J'applaudis sincèrement à cette précaution toute gastronomique. Une jeune mulâtresse, à la jupe courte, aux hanches prononcées et à l'œil languide, nous offrit les *arepas*, petits pains ronds faits avec la fleur de la farine de maïs et dorés au four. Le service commença par le potage de *gombo* aux crabes, pour manger avec le *fundgi* farineux; vint ensuite le *sancocho* national aux mille légumes du nouveau monde, flanquant une poule grasse des Canaries; suivirent les *akras* de Saint-Thomas, les *tortolitas* (tourterelles de la grandeur d'une alouette) bardées de lard de *Baquira;* les pois *wandou* aux ignames, le *morocoi* (tortue de terre) farci d'olives et de piments verts, cuit dans sa carapace, escorté du *mondougo* aux bananes, commencèrent à me faire réfléchir. Les rôtis parurent; c'était le *pajui* à crête jaune, bien plus fin et plus tendre que nos chapons manceaux; la *lapa*, quadrupède à la chair succulente, surtout cuit au soleil ardent; le *cachicamo* cuit à point dans sa cuirasse; trois salades : une de choux palmistes, une d'*avocats* au beurre végétal, et une de cœurs de cannes à sucre à l'huile de coco clarifiée.

Cette fois, je m'inclinai devant l'évidence et proposai un toast, avec un excellent *guarapo de cana*, au talent transcendant de Nelson, auteur de tant de merveilles.

On apporta le dessert. Ce fut une avalanche de pâtes de *gouyaves*, de *membrillos* fermes et brillant des couleurs du rubis et de la topaze, de gelée de patillas à la chair rose; de fruits, tels que *parchas* aux fleurs blanches, à l'écorce fine et cassante, de *tunas*, de mangos, de zapotillas aux âcres parfums, d'ananas jaunes de San-Matheo ou violets de Mayaguez, de *chirrimoyas*, de *guaymas* à l'enveloppe brune et veloutée, et enfin les *papayas nisperos* de Curaçao.

Nous avions arrosé tous ces mets si nouveaux pour moi d'un *guarapo de pina*, boisson aussi fraîche au palais que perfide au cerveau, et de quelques vieilles bouteilles de laffitte, qui ne se trouve déplacé nulle part.

Nous nous levâmes de table pour passer dans la galerie où nous attendaient le curaçao huileux des Antilles et le café de San-Antonio, cru exquis que les Anglais accaparent, à ce que m'assura mon hôte.

Je demandai alors à voir le cuisinier prodige. Nelson parut : c'était un nègre, gras sans être obèse, n'étant plus de la première jeunesse, dont la figure, surmontée d'un bonnet blanc et encadrée par sa cravate de mousseline, ressemblait à un trou au milieu d'une feuille de papier.

Je lui fis mes compliments, surtout pour le *morocoi* farci d'olives; puis, ayant accepté un havane, il se retira satisfait.

— Cet homme est un grand cuisinier, me dit M. F., et je vais vous conter de quelle manière je pus me l'attacher.

» Il était au service d'un haut personnage de Caracas, dont l'avarice ne lui permettait pas de se faire connaître dans tous les détails artistiques que nécessite l'art de la préparation des mets. Il résolut de se faire renvoyer, et, à cet effet, voici le tour qu'il fit :

» Un jour que l'harpagon avait de nombreux invités, notre chef servit un dîner pour lequel il s'était surpassé. Chaque plat était un chef-d'œuvre de combinaison culinaire; mais tous se ressemblaient un peu trop peut-être par la qualité de viande qu'il avait employée. C'était à qui féliciterait l'amphitryon; lorsque l'un des convives pâlit subitement. On l'entoure, on le questionne, et, pour toute réponse, il montre sur son assiette une petite main blanche et nerveuse, qu'il n'avait pas aperçue d'abord, recouverte d'une sauce merveilleuse. On examina cette main, et la salle n'eut qu'un cri : un ouistiti !

» Nelson leur avait fait manger du singe sous toutes les formes.

» A la suite de cet éclat, il fut chassé, je le pris mon service. »

Lorsque mon narrateur eut fini, je me mis à songer, à me demander, tout en suivant de l'œil les méandres capricieux de mes bouffées bleues, si maître Nelson ne pouvait point m'avoir fait manger quelque peu de singe.

— Bah ! pensai-je, en cuisine comme en tout, la foi nous sauve !

ALFRED DE MARTON.

UN DÉJEUNER DE CHANOINE

M. Eugène Sue, de regrettable mémoire, n'a pas consacré moins d'un fort volume à la *Gourmandise* dans sa série des *Sept Péchés capitaux*. Il a démontré avec un talent et une verve incontestables l'immense portée industrielle, politique et sociale de cette science, dont les divers pseudonymes sont : commerce, marine, agriculture. Il combat les préjugés que l'ignorance et la débilité s'efforcent d'entretenir autour de la gastronomie.

Parmi les chapitres les plus attachants de cet ouvrage, nous voulons citer aujourd'hui le menu d'un déjeuner du chanoine dom Diégo. Ce chanoine a perdu le boire et le manger dans une traversée de Cadix à Bordeaux; il dépérit, il sent qu'il n'a plus que peu de temps à vivre; lorsque, tout à coup, un inconnu se fait annoncer chez lui sous le nom bizarre d'*Appétit*. Cet inconnu promet au chanoine de rendre à son estomac toute sa sensibilité première ; il s'installe dans sa cuisine, s'enferme à double tour, et voici le premier déjeuner qu'il fait faire à dom Diégo :

Le majordome parut.

Il marchait d'un air solennel, portant sur un plateau un petit réchaud d'argent de la grandeur d'une assiette, surmonté de sa cloche.

A côté de ce plat, on voyait un petit flacon de cristal rempli d'une liqueur limpide et couleur de topaze brûlée.

— Paolo, demanda le chanoine, qu'est-ce que cette argenterie?

— Elle appartient à M. Appétit, seigneur ; sous cette cloche est une assiette à double fond, remplie d'eau bouillante; car il faut surtout, dit ce grand homme, manger brûlant.

— Et ce flacon, Paolo?

— Son emploi est indiqué sur ce billet, seigneur, qui vous annonce les mets que vous allez manger.

— Voyons ce billet, dit le chanoine.

Et il lut :

« Œufs de pintade frits à la graisse de caille, relevés d'un coulis d'écrevisses.

» N. B. — Manger brûlant, ne faire qu'une bouchée de chaque œuf, après l'avoir bien humecté de coulis.

» Mastiquer *pianissimo*.

» Boire, après chaque œuf, deux doigts de ce vin de Madère de 1807, qui a fait cinq fois la traversée de Rio-Janeiro à Calcutta.

» Boire ce vin avec recueillement.

» Il m'est impossible de ne pas prendre la liberté d'accompagner chaque mets que je vais avoir l'honneur de servir au seigneur dom Diégo d'un flacon de vin approprié au caractère particulier du mets susdit. »

Le chanoine, dont l'agitation allait croissant, souleva la cloche d'argent d'une main tremblante et émue.

Soudain une émanation délicieuse s'épandit dans l'atmosphère.

Au milieu de l'assiette d'argent et à demi baignés d'un coulis onctueux et velouté, d'une belle nuance vermeille, le chanoine vit quatre tout petits œufs ronds, mollets, et semblant frémir encore dans leur friture fumante et dorée.

Le chanoine, frappé de la délicieuse senteur de ce mets, le mangeait littéralement du regard, et, pour la première fois depuis deux mois, une soudaine velléité d'appétit chatouilla son palais.

... Après la note qui annonçait les œufs de pintade, se déroula successivement le menu suivant, dans l'ordre où nous le présentons :

« Truite du lac de Genève au beurre de Montpellier, frappé de glace.

» Envelopper hermétiquement chaque bouchée de ce poisson exquis dans une couche de cet assaisonnement de haut goût.

» Mastiquer *allegro*.

» Boire deux verres de ce vin de Bordeaux (*sauterne* 1834) ; il a fait trois fois la traversée de l'Inde.

» Ce vin veut être *médité*. »

— Un peintre ou un poëte eût fait de cette *truite au beurre de Montpellier*, frappé de glace, un portrait enchanteur, dit le chanoine. Voyez cette charmante petite truite, à la claire couleur de rose, à la tête nacrée, voluptueusement couchée sur ce lit d'un vert éclatant, composé de beurre frais et d'huile vierge, congelés par la glace, auxquels l'estragon, la ciboulette, le persil, le cresson de fontaine, ont donné cette gaie couleur d'émeraude! Et quel parfum! Comme la fraîcheur de cet assaisonnement contraste délicieusement avec le haut goût des épices qui le relèvent! Et ce vin de Sauterne! quelle ambroisie *si bien appropriée*, comme dit ce grand homme de cuisine, *au caractère* de cette truite divine qui me donne un appétit croissant!

Après la truite vint un autre mets accompagné de ce bulletin :

« Filets de *grouse* [1] aux truffes blanches du Piémont (émincées crues).

» Enchâsser chaque bouchée de grouse entre deux rouelles de truffe, et bien humecter le tout avec la sauce à la Périgueux (truffes noires), service ci-joint.

» Mastiquer *forte*, vu la crudité des truffes blanches.

» Boire deux verres de ce vin de *Château-Margaux* 1834. (Il a aussi fait le voyage des Indes.)

» Ne manger que les cuisses et le croupion des râles; ne pas couper la cuisse, la prendre par la

[1] *Grouse*, grosse perdrix d'Écosse infiniment supérieure à la bartavelle et aux gélinottes.

patte qui la termine, la saupoudrer légèrement de sel, trancher net au-dessus de la patte, et tout broyer, chair et os.

» Mastiquer *largo* et *fortissime;* manger presque simultanément une bouchée de la rôtie brûlante d'un condiment onctueux dû à la combinaison de foies et de cervelles de bécasse, de foies gras de Strasbourg, de moelle de chevreuil, anchois pilés, épices de haut goût, etc.

» Boire deux verres de *clos-vougeot* de 1817,

» Verser ce vin avec émotion, le boire *avec religion.* »

Après ce rôti, digne de Lucullus ou de Trimalcion, et savouré par le chanoine avec idolâtrie et une faim inassouvie, le majordome reparut avec deux entremets que le menu signalait ainsi :

« *Morilles* aux fines herbes et à l'essence de jambon ; laisser fondre et dissoudre dans la bouche ce champignon divin.

» Mastiquer *pianissimo.*

» Boire un verre de vin de *Côte-Rôtie* 1829 et un verre de johannisberg 1729 (provenant du grand foudre municipal des bourgmestres de Heidelberg).

» Aucune recommandation à faire à l'endroit du vin de Côte-Rôtie : ce vin est fier, impérieux, *il s'impose.*

» A l'égard du vieux johannisberg de cent quarante ans, l'aborder avec la vénération qu'inspire un centenaire, le boire avec componction.

» Bouchées à la duchesse, à la gelée d'ananas.

» Mastiquer *amoroso*.

» Boire deux ou trois verres de ce vin de Champagne frappé de glace (sillery sec, année de la comète).

» Dessert :

» Fromage de Brie de la ferme d'Estouville, près Meaux.

» Cette maison a eu, pendant quarante ans, l'honneur de servir la bouche de M. le prince de Talleyrand, qui proclamait le fromage de Brie *le roi des fromages* (seule royauté à laquelle ce grand diplomate soit resté fidèle jusqu'à sa mort).

» Boire un verre ou deux de vin de *Porto* tiré d'une barrique retrouvée sous les décombres du grand tremblement de terre de Lisbonne.

» Bénir la Providence de ce miraculeux sauvetage, et vider pieusement son verre.

» *N. B.*—Jamais de fruits le matin, ils réfrigèrent, chargent et obèrent l'estomac aux dépens du repos du soir; se rincer simplement la bouche avec un verre de crème des Barbades de *madame Amphoux* (1780), et faire une légère sieste en rêvant au dîner.

EUGÈNE SUE.

PHYSIOLOGIE DU DINEUR

I

Dis-moi comment tu dînes, je te dirai qui tu es.

Cet aphorisme, que Brillat-Savarin a côtoyé sans oser le formuler, est de ceux qu'on devrait écrire en lettres d'or au frontispice du code social. Quelle simplification dans les rouages de la machine gouvernementale si l'on pouvait obtenir le recensement exact de la carte de chacun, — les gens qui suivent les modes disent *l'addition!*

En effet, Gall, Spurzheim et Lavater laissent à désirer; ainsi, M. de Talleyrand, lors de sa rencontre avec le pied de M. de Maubreuil, démentit complétement, en dépit de l'énergie des prémisses, la conclusion du système physiognomonique. Mais l'examen du menu, c'est l'homme tout entier. Le sourire, le regard, la parole peuvent mentir, l'estomac seul ne ment jamais.

Fourier n'a pas réclamé contre la définition donnée du phalanstère par un mauvais plaisant :

« Un trône gastronomique environné d'institutions culinaires ! »

C'est qu'en sa qualité de poëte, Fourier était quelque peu prophète, le *vates* antique, — et lisait le texte de l'avenir sous les maculatures du présent.

Les dîneurs sont de différentes espèces, et je ne sache guère que Rabelais et Balzac, deux maîtres en l'art de *jouer des mangeoires*, capables d'en dresser la formidable énumération. C'est une classification par genres, familles, individus, comme celle qu'établissent MM. Duméril et Brongniart dans les salles d'études du Jardin des Plantes. Ainsi l'on peut compter :

Le dîneur classique, celui qui ne comprend pas *le bouilli* sans une verdoyante ceinture de persil.

Le dîneur romantique, qui associe le vulgaire haricot de mouton au délicat solilème. Victor Hugo est le prototype de cette variété, et son assiette hospitalière accueille avec la même gracieuseté et dans un pêle-mêle qui eût abasourdi Aristote, le père des unités, la tranche de rosbif, la gelée au marasquin, la charlotte russe et le turbot à la sauce génevoise.

Le dîneur indifférent, qui hume des huîtres en juillet, — épouvantable solécisme, — truffe des bécassines, — barbarisme sans nom, — et lit son journal à table, au risque de laisser tourner en huile une marengo ou refroidir une béchamelle. Louis XIV était le dîneur indifférent par excellence; le plus vulgaire miroton valait pour lui les côtelettes à la Soubise, léguées à la France par le maréchal de ce nom, en indemnité de la bataille de Rosbach, et le carré de veau à la Guéménée, dont la découverte entraîna une banqueroute de vingt-huit millions.

Le dîneur tatillon, qui ne mange pas ou mange mal si sa place à table est changée, s'il n'a pas, comme d'habitude, la carafe à droite et la bouteille à gauche, si son verre est uni au lieu d'être taillé, et cent autres niaiseries dont il exagère l'importance au détriment de son appétit.

Le dîneur grognon, qui n'est jamais content de rien et trouve à reprendre — le maroufle! — aux volailles de Chevet, à la charcuterie de Véro-Dodat, aux conserves de Corcelet, à la pâtisserie de Félix... Il critiquerait jusqu'aux boudins de carpe du duc de Richelieu et aux petites bouchées à la reine Marie Leczinska... Ventre ingrat, il n'a rien appris et a tout oublié.

Le dîneur parasite, — toujours le même depuis Montmaur et Colletet, — qui dévore à faire croire qu'il a quatre estomacs, comme les ruminants; parfois même il emmagasine au fond de ses poches les reliefs de son assiette. J'en sais un auquel son voisin rendit un jour deux pattes de homard que l'autre venait par mégarde de lui glisser dans sa redingote, en lui disant qu'il n'aimait pas les conserves.

Le dîneur pressé, qui règle son appétit sur sa montre. Napoléon était le maître du genre; dix minutes les jours ordinaires, un quart d'heure lors des solennités, telle était la règle invariable de sa table. Ses convives avaient l'excellente habitude de dîner auparavant.

Le dîneur glouton ; l'histoire n'en connaît pas de plus grand que Louis XIV.

Le dîneur aimable, qui solde son écot en joyeuses saillies, en anecdotes spirituelles, découpe avec la dextérité du meilleur écuyer tranchant d'Allemagne, et n'oublie jamais d'offrir aux dames la cervelle du lapereau et le *chérubin* du pigeon. Nombre de grands hommes ont appartenu à cette fraction : Molière, Chapelle, Racine, tous les convives des soupers d'Auteuil, et aussi Montaigne, le docte auteur du Bréviaire des honnêtes gens.

Rossini, parmi les modernes, est le premier des dîneurs aimables.

Le dîneur qui ne dîne pas, si ce n'est d'un cure-dents qu'il ramasse à la porte d'un restaurant à 1 fr. 60 c., et promène au Palais-Royal, sous les modestes échalas qui ont remplacé les tilleuls successeurs des marronniers auxquels Camille Desmoulins emprunta la première cocarde nationale.

Et, enfin, le dîneur égoïste, sur le compte duquel je demande à m'étendre, car il est à craindre, — et l'on ne saurait éviter ce que l'on ne connaît pas.

Le dîneur égoïste est rarement maigre ; son abdomen, au contraire, affecte volontiers ses rondeurs potironiformes qui font le désespoir des culottiers fashionables ; sa mise, négligée sans être élégante, doit impressionner la mode aussi désagréablement que Glocester, Marguerite d'Anjou, après la défaite de Warwick à Barneth. Que si l'on me demandait quelles classes de la société fournissent des exemplaires de ce type, je répondrais : toutes ou presque toutes, mais principalement l'honorable corps des Facultés, dans la personne des vieux médecins et des vieux avocats.

Le dîneur égoïste est peint de pied en cap dans ce vers si connu :

> Quand Auguste avait bu, la Pologne était ivre !

Ne se laissant jamais entamer par l'aphorisme vulgaire : « Où il y a pour deux, il y a pour trois ! » il établit autour de sa table un infranchissable cordon sanitaire. Toute requête gastronomique le mortifierait sans l'attendrir ; le cri des entrailles étouffe chez lui la voix du cœur.

II

Brillat-Savarin raconte qu'en voyage, il entra dans une auberge et demanda à souper; une demi-douzaine de ragoûts mijotaient sur les fourneaux avec un harmonieux glouglou, et un gigot se prélassait à la broche devant un ardent brasier.

— Nous n'avons rien, monsieur, répondit l'hôtelier; voici le reste de nos provisions, et c'est retenu par des avoués de la ville voisine qui soupent là-haut.

— Allez savoir d'eux si, en se serrant un peu, ils ne pourraient accueillir un voyageur affamé, tout prêt à payer son écot double — en argent et en joyeux propos.

L'aubergiste s'acquitta de la commission ; mais les avoués répondirent néant à la requête. Touché du désappointement qui se peignait sur le visage de l'étranger, le Deffieux de village offrit une portion de haricots blancs; c'était tout ce qu'il pouvait distraire de son souper payé d'avance.

— Au moins me laisserez-vous mettre mes haricots dans la lèchefrite; je les mangerai à la fumée de ce bon rôti qu'il m'est défendu de toucher.

N'y voyant pas d'inconvénient, l'aubergiste versa lui-même un bon tiers de sa casserole dans la lèchefrite, où frissonnait la graisse du gigot ; après quoi, il retourna à ses fourneaux. Alors, s'installant au coin de l'âtre, Brillat-Savarin se prit à fouiller avec une lardoire les flancs du rôti. Un sang généreux s'échappait des blessures et, multipliant ses coups, pas un coin n'échappait à sa terrible lardoire, cent fois plus meurtrière que les Balizarde et les Durandal des romans chevaleresques. Le jus ruisselant parfumait délicieusement les organes olfactifs de l'audacieux assassin ; mais bientôt celui-ci dut imposer silence à son acharnement : sauf quelques gouttes rares filtrant à de longs intervalles, le gigot ne donnait plus signe de vie.

Sûr de ne laisser qu'un cadavre à ses inhospitaliers compagnons, en échange de leur dureté, Brillat-Savarin emporta ses haricots, et soupa comme l'archichancelier, le jour où son chef réussit le boudin de sanglier.

Encore ceux-là pouvaient-ils alléguer pour excuse qu'ils ne connaissaient pas le voyageur, et qu'une figure étrangère empêche de rire à ventre déboutonné ; mais souvent le dîneur égoïste, non content de manquer d'humanité, témoigne encore de la plus noire ingratitude. Quel autre nom doit-on donner à la conduite de d'Aigrefeuille en cette circonstance :

A l'un des dîners de Cambacérès où figurait un énorme turbot, digne frère de celui qui divisa le sénat romain, l'archichancelier, très-friand de la langue de ce poisson, — le morceau d'honneur, — pria d'Aigrefeuille, son commensal et son officier tranchant, de la lui envoyer.

Entr'ouvrant la gueule du pleuronecte avec la pointe de la truelle, d'Aigrefeuille joua l'étonnement et répondit que la langue était absente.

Le même fait s'étant renouvelé, Cambacérès perdit patience et, mandant son maître d'hôtel, lui adressa cette sévère admonition :

— Comment vous arrangez-vous donc? Tous vos turbots manquent de langue ; seriez-vous assez ignare pour les jeter au rebut?

— Que Votre Excellence daigne me pardonner, balbutia le pauvre diable ; je n'ai fait qu'obéir à M. d'Aigrefeuille, qui m'a recommandé de la détacher et de la placer sous la queue de l'animal.

— Voyons !

Et, saisissant le plat, le prince découvrit, en effet, la langue onctueuse et appétissante qu'il avala ; puis, regardant son ami, rouge jusqu'aux oreilles, il ajouta :

— N'importe ! qu'on ne m'achète à l'avenir que des turbots régulièrement conformés, je n'aime pas les poissons phénomènes.

Pour l'intérêt de son appétit, *gulæ sacra fames*,

un dîneur égoïste est capable de tout, même d'avoir de l'esprit. En voici une preuve :

M. Chauffton, l'un des aigles de l'ancien barreau orléanais, était d'une gourmandise proverbiale, et pas un bon dîner ne se servait qu'il n'y fût invité. Aussi ferré sur le chapitre des épices que pas un vieux procureur de l'ancien régime, et, partant, gagnant gros, il acceptait cependant toujours sans jamais offrir, et, certes, l'initiation aux mystères d'Éleusis était d'un abord plus facile que la salle à manger dudit M. Chauffton, fort insoucieux, au reste, de l'accusation de parasitisme que sa conduite faisait peser sur lui.

Un hiver, les truffes manquaient. Une épidémie souterraine avait anéanti le précieux tubercule, ou bien un coryza universel enlevait toute espèce de flair aux intelligents animaux qui arrachent à la terre le roi des cryptogames ; toujours est-il que la mère Joseph, ce Véry femelle dont les gourmands orléanais ont gardé mémoire, ne fournissait de volailles truffées ni la loge maçonnique de Jeanne-d'Arc, ni sa rivale, la Société de la Chancellerie.

Or, un matin, les curieux qui attendaient la voiture dans la cour des messageries Laffitte et Caillard respirèrent, avec une stupéfaction dont je ne saurais donner l'idée, le parfum qu'exhalent pâtés de Strasbourg et terrines de Nérac. Sous la paille d'une bourriche, comme la Polymnie sous l'adhérence de ses draperies, une dinde périgourdine trahissait ses formes rebondies. Je parie que le coq d'Inde — et c'était le premier qu'on voyait en France — servi le 26 novembre 1570, à Mézières, au repas de noces de Charles IX et d'Élisabeth d'Autriche, ne fut pas plus admiré. Chacun s'approchait de la sacro-sainte bourriche et déchiffrait le nom du destinataire : *Monsieur Chauffton, homme de loi.*

Une heure après, tout Orléans se congratulait de l'arrivée des truffes, à ce point que Grouchy, débouchant sur le champ de bataille de Waterloo, à la place de Blücher, n'eût pas plus délicieusement remué l'état-major de la Haie-Sainte. De tous les quartiers de la ville à la rue Sainte-Anne qu'habitait l'avocat, c'était une véritable procession d'amphitryons qui, chafriolant et se pourléchant, venaient demander des nouvelles du volatile phénoménal, — *rara avis*, dirait Jules Janin dans ses accès de bonne latinité.

M. Chauffton éconduisait son monde avec une diplomatie que lui eussent enviée Pitt, Bathurst, Nesselrode, Metternich et Talleyrand, proclamés par l'histoire les premiers diplomates du globe, au détriment d'Ève et de ses filles. Petit à petit, il s'était débarrassé de cette légion d'importuns. Mais voici qu'à l'encontre de l'immortel apologue des moutons de Panurge, où les autres avaient sauté, un malavisé regimba, et, grâce à son insistance, acquit la certitude que le corps du délit était là, dans l'office... Sans se payer des prétextes plus ou moins plausibles que le procureur désespéré lui alléguait, le sourire sur les lèvres et le miel sur la langue, ainsi que le dit Gœthe de Méphistophélès, il énumérait les dîners offerts à M. Chauffton. Celui-ci, dodelinant sont front chauve, approuvait du bonnet chaque date commémorative.

— Et vous saisirez, ajoutait l'amphitryon aux abois, cette occasion de me rendre tous mes bons dîners ?

— Rendre ! y songez-vous? Un praticien qui connaît son métier ne rend jamais que les mauvaises pièces.

EUGÈNE WOESTYN.

UN MENU MOSCOVITE

Novo Troitskoï Traktir est le plus grand et le mieux approvisionné et achalandé des restaurants de Moscou. Nouveau, sans doute, parce qu'il n'est fondé que depuis quatre-vingt-quatre ans ; restaurant de Troïtza, parce que la maison dans laquelle il est établi appartient au couvent de Troïtza ; ce qui donne même lieu à une particularité assez curieuse : cette maison étant monastérique, comme disent les Russes, les cabinets particuliers y doivent toujours rester porte ouverte. Il fait d'excellentes affaires, quoiqu'il paye au couvent 30,000 francs de loyer. On y consomme par jour *trois veaux* exclusivement nourris de lait, 600 livres de bœuf, de 50 à 60 sterlets, 100 bouteilles de champagne (ce qui n'est guère), 40 livres de thé, 400 livres de sucre, 1,600 seaux d'eau rien que pour le thé, et 1,200 kalatcha (pain russe), 700 pains bis et 500 pains français.

Il y a 110 garçons de table, tous vêtus de la chemise blanche flottant sur le pantalon blanc large et d'un grand tablier blanc, et 15 cuisiniers. La recette journalière y est en ce moment de 2,000 à 2,500 roubles argent (8,000 à 10,000 francs), et, en temps ordinaire, de 800 à 1,000 roubles.

Voici maintenant le menu original de notre dîner d'hier : d'abord et comme toujours, avant la soupe, du caviar arrosé de kummel ou de hatchichenné, sorte d'eau-de-vie aromatique ; en fait de potage, de *tchi* au gruau ; c'est là une soupe nationale que tout le monde, en Russie, dévore avec délices, depuis le moujik jusqu'au boyard, c'est... de la soupe aux choux... mais excellente, je dois l'avouer, moi qui n'ai pas de sympathie pour le chou. C'est une espèce de chou farci mis en soupe, mais préparé au moins vingt-quatre heures à l'avance ; sans quoi, il paraît que cela ne vaudrait rien. L'hiver, quand les Russes voyagent dans l'intérieur, ils ont toujours dans leur voiture du tchi congelé, qu'on fait dégeler et qu'on mange aux stations.

Avec le tchi comme avec toutes les soupes ici, on mange des petits pâtés à la viande ou au poisson appelé *piroggi*. Après la soupe, on nous servit du cochon de lait au raifort, puis du *bitok*, espèce de hachis de viande, puis du sterlet du Volga, ce poisson justement célèbre, car il est vraiment excellent ; puis enfin, après le raisin, du thé jaune aromatique ; le tout avait été arrosé de champagne frappé, base inévitable de tout repas russe de bonne compagnie, et de *lompapo,* une boisson originale celle-là, mais qu'il faut boire (elle est bonne) sans l'avoir vu faire. On met sur la table un énorme *shopka* d'argent, grand vase en forme de gobelet d'escamoteur retourné ; là-dedans est le lompapo, c'est-à-dire de la bière mélangée de citron, de sucre et de pain noir grillé, mélange agréable à boire, je le répète, mais désagréable à voir.

Voilà un menu difficile à composer au Café de Paris, et qui n'en est pas moins (ah ! j'ai la reconnaissance de l'estomac), et qui n'en est pas moins propre à satisfaire les gastronomes les plus difficiles et les mieux en goût ; qu'ils y viennent voir !

LÉON GODARD.

Moscou, septembre-octobre 1856.

LA MI-CARÊME

I

C'est une halte étrange, n'est-ce pas, dans cette période d'abstinence et d'austérités ? A qui a pu venir cette idée mondaine de couper le carême en deux et d'en interrompre les sages règlements par une nuit de folie ? Cette année encore, on a profité de la coutume sans en rechercher l'inventeur. Les marchés de Paris avaient, jeudi matin, un air de fête : ce n'étaient qu'étalages débordants, que crampons de fer ployant sous des quartiers roses d'animaux, que bourriches éventrées, que forêts de légumes et chapelets de fruits ; le bruit, la couleur, tout était doublé ; on n'achetait plus par fractions, on enlevait des moitiés de boutiques à la fois ; les commissionnaires avaient peine à circuler sur le carreau des Innocents avec leurs crochets fleuris ; on devinait que, de cinq à huit heures du soir, il se passerait dans Paris des choses monstrueuses, et l'on se hâtait d'emporter sa part de plaisir. Les marchandes s'étaient mises sur leur *trente-et-un ;* les rubans flottaient, les cols de dentelle s'étalaient, les robes craquaient au corsage, car il semblait que leur embonpoint se fût accru depuis la veille. Quelque chose d'une bataille paraissait animer ce vaste champ.

II

Ce jour-là, on a dîné partout ; ce soir-là, on a soupé partout. Un homme du meilleur monde, qui avait perdu un pari, s'est exécuté vis-à-vis de ses adversaires le jeudi de la mi-carême. Il les a conduits dans un salon de l'hôtel du Louvre, le salon nº 120 ou le salon nº 240 (ô Café Anglais ! ô Provençaux ! que vous êtes petits en présence de cet immense caravansérail !), et l'on a mangé, quelques heures durant, comme on mange entre gens d'esprit, ceux-ci aidant ceux-là, ceux-là encourageant ceux-ci, et tous se piquant d'une noble émulation. Le menu, sans faire faire un pas de plus à l'art, était cependant distingué et harmonieux ; nous le donnons :

Potage bisque d'écrevisses.
Potage Colbert.

RELEVÉS.

Turbot sauce crevettes et hollandaise.
Filet de bœuf à la dona Maria.
Jambon d'York aux petits pois nouveaux.
Poulardes truffées, braisées à la Périgueux.

ENTRÉES

Filets de volaille à la maréchal.
Filets de perdreaux à la Penthièvre.
Sorbets mousseux.
Sorbets au marasquin.

ROTS

Quartier de chevreuil sauce groseille et poivrade.
Faisans de Bohême rôtis.
Truffes au vin de Champagne.
Écrevisses du Wurtemberg à la bordelaise.

ENTREMETS

Asperges en branches à la française.
Pêches à la vanille.
Haricots verts à l'anglaise.
Gelée à la macédoine de fruits.
Bombes glacées.

DESSERTS

VINS

1er *Service.*

Madère vieux.
Palmer-Margaux.

Château-Léoville.
Veuve Cliquot.

2e *Service.*

Château-Laffitte.
Romanée.
Château-Yquem.
Tokay-Ausbruck.

Café et liqueurs.

La crainte d'avoir l'air de faire de la *réclame*, nous empêche de parler des dîners de la table d'hôte monumentale de l'hôtel du Louvre, dîners fort courus et qui rappellent par le grandiose du service et de la décoration le fameux tableau du peintre anglais Martinn, *le Festin de Balthazar.*

III

M. Jules de Prémaray, en annonçant dans la *Patrie* notre publication, avec toutes sortes de courtoisies, donne de curieux renseignements sur un cuisinier que nous connaissons :

« Cet ouvrage, dit-il, me rappelle un échantillon du style culinaire emprunté au fameux Soyer, cuisinier français, fondateur du *Symposium* à Londres, et auteur du ballet de *la Fille de l'Orage*, pour mademoiselle Fanny Cerrito. Je possède un très-rare exemplaire de ce singulier livret chorégraphique. M. Soyer prend soin de rendre compte

lui-même de l'effet de sa première et unique représentation. « Le public, » dit-il, « enchanté de la
» soirée, applaudit avec sa bouche et cria du haut
» du paradis : *Rendez-nous notre argent blanc!*
» A la porte les auteurs, les acteurs, les directeurs, les chanteurs, les grands opérateurs et
» surtout les *balayeurs !* »

« La pauvre Fanny Cerrito, elle-même, fut légèrement blessée à l'aile; mais on sait avec quelle grâce et quelle vigueur elle reprit ensuite son vol. C'était en 1844 que *la Fille de l'Orage* soulevait toutes ces tempêtes.

» M. Soyer, continuant à faire le facétieux dans sa brochure, avoue que les *entrées* de ballet ne sont pas son affaire, et, pour revenir à ses fourneaux par une transition heureuse, il nous régale du *Rêve d'un gourmet*, fantaisie gastronomique dans le genre noble, et du *Plat d'entrée* « pagodatique. » Il termine en nous donnant la fameuse recette pour faire la *crème de la Grande-Bretagne, macédoine terrestro-célestiale* (*sic*).

« Procurez-vous, s'il vous est possible, » dit prudemment cette étrange recette, « l'antique vase du
» Capitole, la coupe d'Hébé, la force d'Hercule et
» la puissance de Jupiter, — puis procédez ainsi :

» Déposez légèrement au fond semi-argenté de
» ce vase aux paisibles colombes : un sourire de la
» duchesse de Sutherland, de cette déesse terres-

» triale, il sera on ne peut plus gracieux; joi-
» gnez-y avec adresse une leçon de la duchesse de
» Northumberland; un heureux souvenir de lady
» Byron, etc., etc.

» Couvrez le tout de l'illustre règne de Sa très-
» gracieuse Majesté la reine Victoria, et laissez
» mijoter pendant un demi-siècle et plus, s'il est
» possible, près d'un feu de roses et d'immortelles. »

» Que dites-vous de cette manière de rédiger la *Cuisinière bourgeoise* ?

» Certes, voilà une grande curiosité culinaire et bien peu connue.

» A Londres, toutes ces excentricités ont eu, dans leur temps, un succès fou.

» M. Charles Monselet aura de la peine à atteindre à la hauteur d'un pareil style. En revanche, il sait parler de son sujet avec, etc., etc., etc. »

Ici, nous supprimons plusieurs lignes d'éloges ; mais nous ne supprimons pas notre gratitude qui, depuis longtemps, comme notre amitié, est acquise à M. Jules de Prémaray.

IV

Nous connaissons ce Soyer, avons-nous dit. Il vint nous rendre visite l'année qui suivit l'exposition du Palais de Cristal. Nous habitions alors rue

Sainte-Anne, dans l'ancien hôtel du fermier général Helvétius. Il était couvert — Théophile Gautier dirait *historié*—de brandebourgs. Le col de sa redingote avait une forme particulière et bizarre; le chapeau, la chemise et les bottes accusaient également une préoccupation ardente de l'originalité.

Soyer est grand, fort et brun. Un long séjour en Angleterre ne lui a pas enlevé l'accent guttural et emphatique des provinces méridionales, d'où il est issu. Très-préoccupé de son art, il avait demandé la veille notre adresse au *Constitutionnel*, et il venait nous prier de lui procurer quelques ouvrages de gastronomie qu'il n'avait pu rencontrer jusqu'alors. Nous nous mîmes à sa disposition, et il s'ensuivit des relations.

Quelques jours après son départ de France, nous reçûmes un gros livre relié et doré, intitulé : *The modern housewife.* — Nous crûmes comprendre qu'il s'agissait d'une *Cuisinière bourgeoise;* nous en fûmes convaincu en feuilletant le volume. Le portrait d'Alexis Soyer enrichissait le frontispice; il y était représenté avec une sorte de bonnet de feutre, posé fièrement sur l'oreille; portrait bien gravé d'ailleurs. Quant à l'ouvrage, il était divisé en forme de lettres; chaque chapitre commençait par : *My dear Eloïse...*— Nous vîmes aussi que Soyer était auteur de plusieurs appareils culinaires qui portent son nom : *Soyer's cottager's stove*, *Soyer's magic coffee pot*, *Soyer's phidomageireion* (ah ! mon Dieu ! qu'est-ce que c'est que ça ?), etc., etc.

Sur la première page de ce beau volume, il y avait écrit, de la main même d'Alexis Soyer : *Presented by the author to M. de Montcelet.*

V

Un assez grand nombre de coreligionnaires nous demandent des recettes. Ils veulent que nous soyons les directeurs, non pas de leur conscience, mais de leur estomac. Nous nous sentons extrêmement flatté de cette marque de confiance, et nous allons faire de notre mieux pour la mériter. Quittons donc un instant la robe du littérateur pour le tablier du praticien, — ce tablier blanc illustré par tant de capacités, et que les rois de France eux-mêmes n'ont pas dédaigné de ceindre !

VI

Observons le même carême, T. C. F.

POTAGE A LA CONDÉ. — Faites cuire des haricots

rouges avec sel et deux ou trois oignons; passez en purée et mouillez avec le bouillon de la cuisson; ajoutez du beurre. Versez des croûtons frits.

POTAGE A LA CHICORÉE. — Coupez mince des chicorées frisées sans leurs coutons; passez-les au beurre sans les laisser roussir; mouillez avec de l'eau. Sel, poivre, muscade. Faites bouillir trois quarts d'heure, liez de jaunes d'œufs et versez sur le pain.

SAUMON A L'IMPÉRIALE. — On le fait suer à la braise, on le mouille de deux bouteilles d'excellent vin de Champagne (car ce poisson est un peu ivrogne, et il lui faut du meilleur), et on le dresse, garni d'ailerons de dindons glacés et d'une douzaine de superbes écrevisses cuites dans le même nectar. Ainsi paré, un saumon est vraiment une pièce curieuse et splendide.

GRONDIN, OU ROUGET-GRONDIN. — La tête disproportionnée de ce poisson le fait ressembler au dauphin mythologique. Il faut enlever la cuirasse de cette tête, ainsi que les écailles. Reste une chair blanche, très-bonne, et peu d'arêtes. On cuit le grondin au court-bouillon, où il n'a besoin de rester qu'un moment, et on le sert sur une tartare où l'on a écrasé son foie délicat.

RAIE AU FROMAGE. — Levez la peau et faites cuire la raie dans un verre de lait, très-peu de beurre, deux pincées de farine, deux clous de girofle, deux ciboules, une gousse d'ail, laurier, thym, sel et poivre. Voilà pour la première mise en œuvre. Faites bouillir. La raie cuira en peu de temps. Retirez-la et la mettez alors à égoutter, puis passez la sauce au tamis et faites-la réduire. Maintenant, voici pour l'accent : Saupoudrez le fond du plat de gruyère râpé; placez-y la raie et garnissez-la de douze petits oignons cuits dans le bouillon [1] et égouttés; entourez le plat de croûtons frits; versez sur la raie le reste de la sauce, et couvrez de gruyère râpé. Remettez ensuite sur le feu, avec four de campagne de tourtière, pour faire prendre couleur, et servez. — Il n'y a plus de raie, il n'y a plus de fromage ; il n'y a qu'un mets exquis!

OMELETTE A LA ROYALE. — C'est la même que celle que Brillat-Savarin appelle, on ne sait pourquoi, omelette *physiologique*. Il s'agit d'avoir deux laitances de carpes, de les laver et faire blanchir cinq minutes dans de l'eau déjà bouillante et un peu salée. On y joint gros comme un œuf de thon mariné, que l'on hache avec les laitances, plus une petite échalote hachée et écrasée fin. Le tout est placé dans une casserole, avec un morceau de beurre, pour y être sauté, jusqu'à ce que le

[1] Aïe! voilà un petit accroc au carême! Il dépend du plus ou moins de conscience de la cuisinière de le dissimuler à ses maîtres.

beurre soit fondu. Foncez votre plat d'une *maître-d'hôtel*, que vous laissez tiédir pendant que l'omelette se fait. Battez dix ou douze œufs avec le thon et les laitances, faites-en une omelette cuite à un point délicat, c'est-à-dire suffisamment mollette, et versez-la, en la pliant, sur le plat où est la *maître-d'hôtel*. — L'omelette à la royale était célèbre au XVIIIe siècle et même, dit-on, au XVIIe.

COTIGNAC D'ORLÉANS. — Ce n'est ni de la pâte, ni de la gelée de coings ; c'est une préparation à côté dont la ville d'Orléans a le monopole. Un gourmand ne peut se dispenser d'en faire venir et d'en ranger quelques boîtes sur les plus hauts rayons de sa bibliothèque, — c'est-à-dire de son buffet.

CHARLES MONSELET.

LE POULET RÔTI

Il s'agit de faire rôtir un poulet.

Brillat-Savarin, homme de théorie, qui n'a, au fond, inventé que l'omelette aux laitances de carpes, a dit :

« On devient cuisinier, mais on naît rôtisseur. »

C'est une maxime, c'est même plus ou moins qu'une maxime, c'est un vers.

Mais, au lieu d'une maxime, au lieu d'un vers, il aurait bien mieux fait de nous donner une recette.

Courty, autre grand praticien, aujourd'hui retiré, a dit :

« Je préfère le cuisinier qui invente un plat à l'astronome qui découvre une étoile ; car, pour ce que nous en faisons, des étoiles, nous en aurons toujours assez. »

Revenons à la manière de faire rôtir un poulet.

— Pardieu, c'est bien simple ! me direz-vous, surtout avec nos cuisinières économiques. Vous mettez votre poulet dans un plat, sur une couche de beurre, vous glissez le plat dans votre four, et, de temps en temps, vous arrosez le poulet.

— Pouah ! — Ne causons pas ensemble, s'il vous plaît, ce serait du temps perdu. — Un rôti au four ! c'est bon pour des Esquimaux, des Hottentots et des Arabes.

— Alors, à la broche ! soit à la broche au tourniquet, soit dans une cuisinière, avec une coquille devant.

— C'est déjà mieux ; mais ne vous fâchez pas si je vous dis que c'est l'enfance de l'art que vous pratiquez-là.

— L'enfance de l'art?

— Eh! oui. Savez-vous combien vous faites de trous à votre poulet, en le faisant cuire de cette façon? Quatre: — deux avec la broche, deux horizontalement, deux verticalement. Eh bien, c'est trois de trop!

Ah! vous commencez à réfléchir, n'est-ce pas, chers lecteurs; vous vous dites : Eh! mais il pourrait bien avoir raison : plus le poulet a de trous, plus il perd de jus; et le jus du poulet, une fois tombé dans la lèchefrite, n'est plus bon qu'à faire des épinards; encore, pour les susdits épinards, la graisse de caille vaut-elle mieux.

Pas de broches, mes enfants, pas de brochettes! — Une simple ficelle!

Écoutez bien ceci.

Tout animal a deux orifices, n'est-ce pas? Un supérieur, un inférieur; c'est incontesté.

Vous prenez votre poulet, vous lui faites rentrer la tête entre les deux clavicules, de manière à ce qu'elle pénètre dans les cavités de l'estomac (méthode belge), vous recousez la peau du cou de manière à fermer hermétiquement les blessures de la poitrine.

Vous retournez votre poulet, vous faites rentrer dans son orifice inférieur le foie, vous introduisez avec le foie un petit oignon et un morceau de beurre manié de sel et de poivre, et, devant un bon feu de bois, vous pendez votre poulet par les pattes à une simple ficelle, que vous faites tourner comme sainte Geneviève faisait tourner son fuseau.

Puis vous versez dans votre lèchefrite gros comme un œuf de beurre frais et une tasse à café de crème.

Enfin, avec ce beurre et cette crème mêlés ensemble, vous arrosez votre poulet, en ayant soin de lui introduire le plus que vous pourrez de ce mélange dans l'orifice inférieur.

Vous comprenez bien qu'il n'y a pas même à discuter la supériorité d'une pareille méthode.

ALEX. DUMAS.

LA CUISINE FANTAISISTE

Qu'il est loin de nous le temps où l'on se récriait avec indignation rien qu'à l'idée de manger de la viande de cheval ! L'hippophagie était alors considérée comme une aberration gastronomique des plus monstrueuses et que l'on plaçait presque sur la même ligne que l'anthropophagie.

Aujourd'hui, il s'agit de bien autre chose. Un homme s'est rencontré qui a osé nous proposer de manger des cloportes. Un autre n'a pas craint de vouloir nous régaler avec des araignées, sous prétexte que c'était le mets favori du célèbre Lalande.

L'homme aux cloportes assure que cet insecte sert, en Chine, à faire de petits pâtés fort à la mode. Or, les Chinois ne sont pas aussi barbares qu'on se plaît à le dire. Leur civilisation date de six mille ans; ils ont inventé l'imprimerie, la poudre à canon, la boussole et une foule d'autres choses que nous leur avons empruntées sans le moindre scrupule, en nous attribuant la gloire de l'invention. Puisque nous nous sommes si bien trouvés de toutes leurs découvertes, quelle raison y aurait-il de dédaigner les petits pâtés de cloportes qui remplacent si avantageusement nos sandwichs dans les raouts de Pékin, surtout lorsqu'on a soin de les arroser d'une bonne tasse de thé bien chaud.

L'homme aux araignées a cité l'exemple de Lalande, qui était un savant de premier ordre et n'avait pas, par conséquent, l'habitude d'agir sans réflexion. Il savait donc fort bien ce qu'il faisait en mangeant des araignées. A celui-là on pourrait objecter que les savants passent pour être, en général, fort distraits, et qu'il leur arrive souvent à table de prendre une chose pour une autre, par exemple des araignées pour des crevettes.

Maintenant, voulez-vous des galettes bien supérieures à celles du Gymnase? Voici un voyageur, M. Virlet d'Aousti, qui vous en apporte du Mexique confectionnées avec des œufs de punaises. Il est vrai que ce sont des punaises d'eau, et non pas des punaises de terre, mais, si l'on juge de celles-là d'après celles-ci, ce doit être un mets qui ne laisse rien à désirer.

Peut-être désirez-vous jeter encore plus de variété dans votre menu. En ce cas, ouvrez la porte de votre salle à manger à M. Pouchet, professeur de zoologie à Rouen. M. Pouchet se présente à vous en costume de patronet, avec une corbeille sur la tête, remplie des mets les plus appétissants.

Qu'est-ce que c'est d'abord que ce plat qui enbaume? Soulevez la cloche d'argent qui le recouvre, et flairez-moi ça, je vous en prie. Qu'en dites-vous? Déjà vous vous pourléchez ; eh bien, c'est tout simplement une blanquette de crapauds.

Voici maintenant une casserole d'assez bonne mine. Je ne veux pas vous forcer à jeter votre langue aux chiens, et j'aime mieux vous dire tout de suite que cette casserole contient un macaroni aux larves de hannetons.

Et puisque nous en sommes sur la question des larves, gardons-nous bien de confondre la larve du hanneton avec celle du charançon. Le goût de cette dernière est encore plus exquis, du moins s'il faut s'en rapporter au R. P. Labbat, jésuite, dont l'opinion est partagée, du reste, par M. Pouchet.

Mais M. Pouchet n'a pas encore vidé toute sa corbeille. Il en tire encore quelques hors-d'œuvre, tels que des sauterelles marinées;

Des cigales au gros sel;

Des fourmis blanches fumées, etc.

La fourmi blanche peut servir encore à confectionner des tourtes dont M. Smeatman était très-friand. Vous ne connaissez pas M. Smeatman, ni moi non plus; mais M. Pouchet nous le garantit comme un gastronome des plus distingués.

S'il faut maintenant dire notre opinion sur toutes ces horreurs, nous ne pouvons y voir autre chose qu'une conspiration des hippophages. Ils se sont dit : « On rechigne, on se fait tirer l'oreille pour manger du filet de cheval; eh bien, écoutons le vieux proverbe qui conseille de demander le plus pour obtenir le moins. Proposons hardiment de manger des crapauds, des hannetons, des sauterelles, des chenilles. Le public, indigné, poussera des cris d'abomination, et il sera ensuite trop heureux de conclure une transaction par laquelle il s'engagera à manger de la viande de cheval qui ne lui paraîtra plus relativement si repoussante. »

Nous nous faisons un devoir de démasquer hautement ces menées ténébreuses des hippophages.

CLÉMENT CARAGUEL.

A MONSIEUR CHARLES MONSELET

Versailles, le 5 avril... De mon lit.

Je ne suis pas gourmand. C'est un défaut qui manque
A ma collection, riche comme la Banque.
J'ai supporté très-bien cette lacune ; mais
Que n'ai-je pris mon rang parmi les fins gourmets!...
Gourmet, gourmand, ce sont carrières fort diverses.
On ne compare point la rosée aux averses.

Ne traitons pas sous jambe un sens nommé le goût!...
Le goût, suprême instinct, pur élément de tout!
Mon Dieu! cet art exquis du gourmet, trop de choses
M'en ont distrait : les vers, les étoiles, les roses,
Et le reste! — Frappé, séduit de tant d'objets,
Mon cerveau n'a rien su de ce que je mangeais.
Et les sages entre eux se disaient : « Cet Émile
Avec ses aliments jamais ne s'assimile. »
Puis ils hochaient la tête; et moi de rire. —Hélas!
De mes oublis enfin mon estomac est las.
Le cruel douloureux se venge et se révolte
(Ce qu'on sème en dédains, en haine on le récolte),
Et, pour m'être sans lui dans la vie embarqué,
Me voilà donc traqué, détraqué, patraqué!
Avalant quelques sucs d'amère chicorée,
Ou la fleur du lichen, de gomme édulcorée;
Suçant, dans les grands jours, la patte d'un poulet.
Et, pour dernier affront, humant, cher Monselet,
Semblable au juif, sevré de la céleste manne,
Les atomes de l'air qui de vos fours émane.

. . . .

Grâce aux soins que j'en eus, le cerveau me demeure,
— Puissé-je le garder jusqu'à ce que je meure! —
Il savoure le sel attique et le nectar
Qu'à leurs hôtes vos mains répandent à l'instar
Des mets et des coulis, corporelle ambroisie.
Je vis de votre prose et de la poésie

Que Méry, que Banville y joignent en riant,
Et je puis me donner pour un maître friand.
Une ivresse féerique à la terre m'arrache,
Et, convive exalté... Qu'est-ce?... Ah ! c'est ma bourrac

ÉMILE DESCHAMPS.

FIN

TABLE DES MATIÈRES

FIN DE LA TABLE

www.ingramcontent.com/pod-product-compliance
Ingram Content Group UK Ltd.
Pitfield, Milton Keynes, MK11 3LW, UK
UKHW020553180726
13838UKWH00001B/210

9 782329 417752